丛书编委会

大家精要
典藏版丛书

简读

吕祖谦

潘富恩　著

陕西师范大学出版总社　西安

图书代号　SK24N1882

图书在版编目(CIP)数据

简读吕祖谦／潘富恩著 . — 西安：陕西师范大学
出版总社有限公司，2025.1
　　（大家精要：典藏版／郭齐勇，周晓亮主编）
　　ISBN 978-7-5695-4188-5

　　Ⅰ . ①简… 　Ⅱ . ①潘… 　Ⅲ . ①吕祖谦（1137-1181）—
人物研究 　Ⅳ . ① B244.995

中国国家版本馆 CIP 数据核字（2024）第 027805 号

简读吕祖谦
JIAN DU LÜ ZUQIAN

潘富恩　著

出 版 人	刘东风
策划编辑	刘　定　陈柳冬雪
责任编辑	陈柳冬雪　穆语彤
责任校对	宋媛媛
封面设计	龚心宇　张潇伊
出版发行	陕西师范大学出版总社
	（西安市长安南路 199 号　邮编 710062）
网　　址	http://www.snupg.com
印　　刷	深圳市福圣印刷有限公司
开　　本	889 mm×1194 mm　1/32
印　　张	5.875
插　　页	4
字　　数	109 千
版　　次	2025 年 1 月第 1 版
印　　次	2025 年 1 月第 1 次印刷
书　　号	ISBN 978-7-5695-4188-5
定　　价	49.00 元

读者购书、书店添货或发现印装质量问题，请与本公司营销部联系、调换。
电话：（029）85307864　85303629　　传真：（029）85303879

目 录

1

第1章

吕祖谦生平

在南宋理学阵营中，有一面灿烂斑驳的旗帜，这就是乾道、淳熙时期（1165~1189）鼎盛一时的婺学。它以综合当时各家学说为己任，其思想反映了南宋社会思潮的总趋向。由于其创始人吕祖谦为婺州（今浙江金华）人，一生讲学、著述的学术活动亦以婺州为中心，故这个学派被称为婺学，亦称吕学或金华学派。吕祖谦治学的特点是经史并重，文道并重，道德与知识并重，性理与事功并重，坚持"道并行而不相悖""天下殊途同归"的宗旨，以求同存异、"和而不同"为原则，与各学派之间和谐相处，对学术上持不同见解的"相反之论"者，有着宽宏兼容的雅量与气度，深受当时学界的赞誉，亦为后世的楷模。

家世、家学

吕祖谦，字伯恭，学者称东莱先生，浙江婺州人，生于南宋高宗赵构绍兴七年（1137），卒于南宋孝宗赵昚淳熙八年（1181），终年四十五岁。吕祖谦祖上为赵宋政权的世臣，有"累朝辅相"之称。自宋开国以来，历有吕蒙正、吕夷简、吕公弼、吕公著、吕希哲等任宰相之职，封侯授爵。

吕氏家族从山西迁徙至安徽，又从安徽迁居北宋时的京城河南开封，逐渐成为显赫的官宦世家。由于金统治者进攻中原，1126 年开封陷落，徽宗赵佶和钦宗赵桓父子被虏。建炎南渡，高宗赵构即位，建都临安（今杭州），过着半壁江山的小朝廷生活。吕祖谦曾祖吕好问携全家随之南渡，迁居浙江婺州（今金华），定居下来。吕祖谦的祖父吕弸中曾任右朝靖郎，伯祖吕本中为中书舍人，父亲吕大器为右侍郎，而吕祖谦本人亦曾"以祖恩补将仕郎"，但未正式袭职。他后来是通过科举考试而步入宦海的。根据吕祖谦祖先历任高官的史实来推断，吕氏家族迁居婺州以后，虽然家道已经逐渐衰落，不如南渡前那样兴盛，但在当地无疑还是著姓望族。

吕祖谦在隆兴元年（1163）以前，主要从事于问学、寻师访友、参加科举考试，为早日登上宦途而努力；隆兴元年以后，即进士及第直至病死约十八年的时间，主要活动则是讲学、著述及参与政事。

吕祖谦从小就学"中原文献之传"，这是他的家学渊源所致。吕氏家族南渡以后，继承了这种"家风"，而尤以"中原文献之学"为盛，一门之中认真研究历史文献而代代相继。吕祖谦一生治学深受此"家风"的影响。

从 师 受 业

吕祖谦最早的老师是其伯祖吕本中。吕本中是当时有名的学问家，其特点是"不名一师，不主一说"，常年耳濡目染，娴熟于心。吕祖谦受吕本中影响很大，他完全继承了伯祖"不名一师"的传统，一生从师多人。他也同样继承"不主一说"的治学传统，学术上"泛观广接"，形成了浓烈的调和色彩。

吕祖谦的第一位老师是林子奇。林子奇，字少颖，号拙斋，称三山先生，侯官（今属福建）人。林子奇是吕本中的学生，对吕本中的教诲领悟颇深，并多有发挥，深受吕本中的赏识，被称为师门"高弟"。吕祖谦受父亲之命，师事之。作为吕祖谦的启蒙老师，林子奇对吕祖谦要求甚严，吕祖谦受其影响很大。林子奇之后，吕祖谦的老师是汪应辰胡宪。

汪应辰，人称玉山先生，江西信州（今江西上饶附近）人。他也是吕本中的学生。汪应辰抗金态度颇为坚决，力斥议和，因此得罪秦桧，长期被贬谪，以讲学为业。汪应辰的学术风格接近吕本中，史称其"为学博综诸家，粹然为淳儒"。吕祖谦学术思想博杂的特点，从渊源看，一方面是家学所致，另一方面，受汪应辰的影响也是重要因素之一。在政治思想方面，汪应辰对吕祖谦的影响也很大。汪应辰对金兵入侵的基本立场及其策略思想对吕祖谦的影响尤为重大。汪应辰曾指明宋高宗抗金举措失当，批评朝廷拿不出任何具体而有效的抗金方法，说："驻跸无一定之地，战守无一定之策，进退无一定之人，所施行事无一定之规划"，致使无功。对汪应辰的这种看法，吕祖谦深以为然。多年以后，吕祖谦便以此为蓝本，上疏宋孝宗进行抗战劝谏。

胡宪，字原仲，号籍溪先生，建宁崇安（今属福建）人，是两宋之际著名学者胡安国之从子。胡宪学术造诣颇深，在学界的声望远比林子奇和汪应辰为高。胡宪为人忠厚笃实，且有意仿效程颢之为人。在时人印象中，胡宪"即之温然，虽当仓促，不见其有疾言厉色，人或犯之，未尝校之"。胡宪这种宽厚平和的性格，深深感染了吕祖谦，直接反映到了其待人接物和学术交往之中。吕祖谦与他人结交始终奉行"心平下气"的原则，从不"疾言厉色"。在和其他学派交往时，

"平心易气"，不苛求对方"学之所短"，而认真汲取其"学之所长"，表现出了宽厚之作风和学术雅量，赢得了当时不少学者的称道。所有这些与胡宪的教诲和影响都有直接的关系。

胡宪以为学习的首要任务是陶冶情操，增进道德，说："所谓学者，非克己工夫耶？"为此，他常在"教诸生于功课余暇，以片纸书古人懿行，或诗文铭赞之有补于人者，粘置壁间，俾往来诵之，咸令精熟"。这方面，吕祖谦直接受到了胡宪的影响。后来，吕祖谦曾专门以《择善》为题，抄录了历史文献中若干他认为有"所取"的"古人懿行"和历史事件，汇编成册，时时自勉。

从　政

和吕氏家族的多数成员一样，吕祖谦是靠先人之荫而开始官场生涯的。绍兴二十九年（1159），吕祖谦以祖恩补将仕郎。尽管这是不入品的"散逸"，但毕竟是官场中的人了。这年，吕祖谦二十二岁。两年以后，吕祖谦被擢升为右迪功郎，虽属从九品，但较之将仕郎已经高出了三级。具体职务是严州（今浙江建德市）桐庐县尉，主管学事。

隆兴元年（1163），二十七岁的吕祖谦先中"博学宏词科"，后中进士。对此，吕祖谦喜出望外，兴奋异常。让他高兴的原因是：（一）"博学宏词科"是宋高宗所创设。此科榜上有名，是当世众多士人的心愿，吕祖谦亦不能超然物外；（二）有宋一代，尚文轻武，选拔人才注重出身。中进士乃是飞黄腾达的捷径。南宋尤其如此。

隆兴二年（1164），吕祖谦被任命为"南外宗学教授"。"南外宗学"衙门设在泉州。乾道二年（1166），他的母亲病故于泉州任所。吕祖谦援引旧例，离职护柩回金华，守墓于武义明招山侧。这时，吕祖谦的学业已经名扬四海，附近学者慕名前来问学者络绎不绝。

吕祖谦没有了具体官职，但他并没有放弃对朝廷政事的关注。当时，宋孝宗对理学不感兴趣，对此，吕祖谦深为焦虑。乾道三年九月十四日，他写信给汪应辰，请求汪应辰利用回京入对的机会，劝谏孝宗接受理学思想。信中表现了吕祖谦忧国忧民的情怀和一名正义士人的责任心：

> 身任天下之重，先后本末自，有次第，不必徇匹夫之小谅，避世俗之小嫌。苟或未然，则道不可轻用，物不可苟合，谓宜明去就之义，以感悟上心，风示天下。使后进有所矜式，于吾道固非小补也。

乾道五年（1169），吕祖谦母丧服满，复出。他由"南外宗学教授"改任太学博士。太学博士比"南外宗学教授"

的职务重要得多。宋时，经筵讲官往往从太学博士中选取，有直接与皇帝见面的机会。对于这一新的任命，吕祖谦由衷地感到欣慰。

吕祖谦担任太学博士只几个月时间，就被"添差严州教授"。严州在今浙江，辖建德、淳安、桐庐、遂安、寿昌、分水六县，府治设在建德。吕祖谦到任后，对严州书院大力进行了整顿，精心制定了一套学规。如规定学生不能拉私人关系；师生之间要讲礼节，不忘旧谊；同学之间不能彼此吹捧，等等。尔后又增订了若干条例，例如，坚决淘汰懒惰和学业荒疏者；加强道德情操修养，摈弃"不修士检，乡论不齿者"；开除"亲在别居""侵扰公私""游荡不检"者。

乾道六年，吕祖谦从严州被召还，重新担任太学博士，并兼任国史院编修官、实录院检讨官。这使吕祖谦有了接近孝宗的机会。回京不久，他撰写了《上孝宗皇帝轮对札子二首》，主要内容是希望孝宗恢明"圣学"即理学，"亲贤远佞"，通盘筹划"恢复大事"。

乾道七年，吕祖谦改任左宣教郎召试馆职，又写了《馆职策》一文。文中批评了在抗金问题上存在的"一切不为"与"一切亟为"两种倾向，指出："天下之患，儒者常欲一切不为；锐者常欲一切亟为。"呼吁宋孝宗广开言路，杜绝"群情众论，隐匿壅遏，而不得上闻"的现象。

乾道八年，吕祖谦担任秘书省正字，点检试卷，参与主持礼部考试。礼部考试尚未完全结束，吕祖谦接到其父病危的家报，于是"仓皇奔归"。当他抵家时，父亲已撒手西去。对此吕祖谦痛悔不已。为服父丧，吕祖谦再次离职，结庐于武义明招山侧。这期间，问学诸生又重新集结于门下，前后达三百人之多。

淳熙元年（1174）五月，父丧服除，吕祖谦六月复官，主管台州（今浙江临海）崇道观。

淳熙三年，任国史院编修官、实录院检查官，奉命修《徽宗实录》。

淳熙四年，《徽宗实录》修订完毕，呈送宋孝宗。趁此机会，吕祖谦面呈奏表，希望孝宗认真总结北宋王朝覆灭的惨痛教训，励精图治，不要再发生上下内外相侵夺的事。他恳请孝宗"虚心以求天下之士"，广泛听取各方面的意见，"视前代未备者""固当激厉而振起"，以避免重蹈徽宗之覆辙。不久，吕祖谦升为著作郎兼编修官。他深感责任重大，但其间亦流露了头衔虽多却无实权的感叹。

淳熙五年，吕祖谦奉诏编修《皇朝文海》。该书是根据宋朝"诸家文集……旁采传记他书"而成，共一百五十四册。原版错误较多，吕祖谦编修此书极为认真。修订后得到孝宗嘉许，特赐名为《皇朝文鉴》，命翰林学士周必大作序，赏吕祖谦绢三百匹。

鉴于吕祖谦编修《皇朝文鉴》的功劳，朝廷授吕祖谦两浙路安抚司参议官一职。因劳累过度，吕祖谦病倒，以"久成病疾"为由，申请告归，坚持不受。朝廷收回成命，改授直秘阁主管建宁府武夷山冲佑观。淳熙八年八月，吕祖谦病重，不治而终。

学 术 生 涯

吕祖谦学术活动的历史背景

1126 年，金兵俘获宋徽宗、宋钦宗二帝，历时一百六十六年的北宋政权遂告灭亡。次年，康王赵构继承大位，建都临安，开始了南宋的历史。

宋室南渡，带来了中国东南地区的繁荣。临安成为全国政治、经济、思想、文化的中心，吸引着恪守君臣之义、坚持民族气节的士人纷至沓来。

北宋理学的开创者们，如周敦颐、张载、邵雍、程颢、程颐等人均已在几十年前谢世。程门学子杨时、尹焞遂成硕果仅存的理学大师，支持着理学的门面。他们先后供职于南宋朝廷，竭力以理学思想感化、熏染南宋最高统治者。同时，他们广揽门徒，聚众讲学，扩大理学在南方士人中的影响。他们的活动，对南宋学术的发展具有导向之功。

杨时，字中立，号龟山，南剑将乐（今属福建）人。熙宁九年（1076）进士。二十九岁时师从程颢，受到二程的赏识。杨时回到南方，一生孜孜不倦从事经学研究，阐述、弘扬二程学说，其作品《中庸义》代表了二程之后理学的最高成就。

北宋时，二程学说是司马光旧党反对熙宁新政的理论基础。二程理学与王安石新学始终处于对立状态。这种对立到南宋时依然持续。杨时信奉二程理学，便继续反对王安石新学。靖康元年（1126），杨时任右谏议大夫兼国子祭酒，成为学术界泰斗，对王安石新学的抨击越发厉害，攻击新学为"邪说，以涂学者耳目，而败坏心术者，不可缕数"。宋高宗即位后，杨时以垂老大儒资格出任工部侍郎兼侍读，力主以程氏理学作为立国之本，安国之策。他的建议得到了南宋最高统治集团的认可。

尹焞与杨时齐名，对理学在南宋的传播和发展，也起了很大作用。尹焞二十岁师从程颐，是程颐晚年最为得意的门徒之一，程颐对他期望颇大，预言："我死而不失其正者，尹氏之子。"尹焞不负师望，笃守师训，赢得后世理学家的一片称扬声。绍兴七年（1137），尹焞出任经筵讲习，利用经常和高宗接触的机会，"敷绎"程氏学说，受到高宗的称赞。后因力言抗金，得罪秦桧而落职。而这恰恰提高了尹焞在东南士人中的威信，不少人投其门下。吕祖谦的曾祖辈吕好问、吕广问是尹焞的知己好友，吕本中又是尹焞的学生。

杨时、尹焞对南宋学术思潮理学化的贡献不少，但他们生前理学并没有达到鼎盛时期。这是因为：（一）当时，南宋小朝廷处于草创阶段，惊魂甫定，时有战事，人们尚不能心无旁骛地潜心研究理学。（二）理学从中原地区移植东南，需要有一个生根、开花的过程。

几十年之后的乾淳年间，理学进入其巅峰时期。此时，不仅涌现了以朱熹为代表的众多成就卓著的理学大家，而且形成了诸多学派。

在理学逐渐趋于成熟的时候，反理学的思潮亦逐渐形成，这就是以叶适和陈亮为代表的永嘉、永康功利学派。这一派力倡功利，反对侈言空谈道德性命之理，主张王霸并用，义利双行，且从本体论上对理学展开了批判。

在两派的争论和斗争中，理学阵营蔚然壮观，显示了雄厚的实力，理学在南宋思想界占据主流，处于统治地位。

吕祖谦学术活动概况

吕祖谦并不是以一个有作为的政治家彪炳史册，而是以思想敏锐和学识宏富的思想家著称于世。他一生天年不足，长期患病而不辍学术活动。在仅仅二十年的学术生涯中，吕祖谦考证了大量的古代典籍，编纂修订了众多的史学著作，撰写了不少学术专著，可谓学富五车，著作等身。吕祖谦学问广博、治学严谨。不论是对前人还是对同时代的学者的学说见解，均能持论公允，很少门户之见，史评"兼总众说，巨细不遗，挈领提纲，首尾该贯，浑然若出一家之言"，开创了理学分支"吕学"。当时，他与朱熹、张栻齐名，时称"东南三贤"。他多次开馆讲学，门生众多，为理学培养了大批优秀人才。

与学界顶尖人物的学术交往

吕祖谦之所以与朱熹、张栻被时人并称为"东南三贤"，不仅是因为三人学识并重，并驾齐驱，而且是因为吕祖谦与朱熹、张栻之间的关系非同寻常。

吕祖谦和朱熹交往了数十年。他们之间的通信多达上百封，有时还长途跋涉不远千里专程探视对方，结伴而游，足见两人关系的密切。尽管吕祖谦和朱熹在学术上有不少见解"不甚合"，尤其在史学领域，可谓南辕北辙。朱熹是批评吕祖谦史学研究、史学观点最多的人。但是这并没有影响到他们之间的交往。朱熹几乎所有的重要文章在问世之前都要事先交给吕祖谦征求意见。如《论语要义》《西铭解》《太极图说解》等著述的初稿，朱熹均先送给吕祖谦，请他过目，以期取得他的批评。吕祖谦每次接到朱熹书稿，总是认真阅读，坦陈己见。朱熹在编纂《二程遗书》《二程外书》《伊洛渊源录》等著作的过程中，与吕祖谦商量得更多，或是请他帮助搜集资料，或是请他润色文字，或是请他为之作序作跋。对于朱熹的要求，吕祖谦总是给予满足，而且每信必复。同时，他将自己的有关资料，毫无保留地抄送朱熹，供朱熹参考。为了让朱熹把《二程遗书》《二程外书》编得更好，吕祖谦听说汪应辰那里有关资料颇多，而其弟子不肯轻易外借，便靠自己与汪应辰的师生之谊，特地派人专程前往抄录，把抄件交给朱熹。朱熹曾作《五朝名臣言行录》，不知什么原因，事先没有告诉吕祖谦。吕祖谦在书肆看到此书，翻阅后，发现讹误不少，于是写信向朱熹查问，并一一指出了书中的讹误。

他们还共同著书：淳熙二年，吕祖谦到福建探望朱熹，这期间二人共同编写了普及理学的入门教材《近思录》。

淳熙六年（1179）十月，在吕祖谦的积极参与和协助下，朱熹复建地处庐山的白鹿洞书院。朱熹作《白鹿洞赋》《白鹿洞牒》。在朱熹的请求下，吕祖谦作《白鹿洞书院记》，记叙了白鹿洞书院创建、变迁的始末。当时吕祖谦已经病重。吕祖谦死后，朱熹作了祭文，对他的为人和学识予以很高的评价。

还有一事也说明了吕祖谦与朱熹关系的极不寻常：朱熹曾特地将爱子送往吕祖谦那里受业。朱熹乃当世屈指可数的大学问家和教育家，如果不是因为崇尚吕祖谦的学识和教育有方，是断不会命其子师从吕祖谦的。

吕祖谦和张试有同门之谊。张栻曾师从胡宏，吕祖谦之师胡宪则是胡宏的堂弟。尽管胡宏和胡宪所治之学不尽相同，但主旨则是一致的。这就为他们的门人张试与吕祖谦日后交往提供了相同的学术旨趣。吕祖谦进入仕途后，与张试两度共事，有同僚之谊。

吕祖谦与张栻首次合作于严州。乾道五年（1169），张栻任严州太守，吕祖谦为严州教授，主持严州书院。这期间两人相识，吕祖谦主持书院，多得张栻的帮助。应张试之请，吕祖谦曾以张栻的名义写了一份乞免严州丁钱的奏折。这篇题为《为张严州作乞免丁钱奏状》的奏折，陈述了丁盐钱税演变的过程，分析了"丁盐钱绢为民大害"的原因，流露了对严州人民的深切同情。《奏状》出自吕祖谦的手笔，但表达的是吕祖谦与张材两人共同的政治、经济观点。一年后，吕祖谦先张栻回朝任职。不久，张试也进京，为郎兼讲官，两人再度共事，且同巷而居，往来更为密切。从此，

"张丈邻墙，日夕相过讲论"。他们"讲论"的内容极其广泛，几乎无所不包。如当朱熹给吕祖谦送来《太极图解》文稿时，吕祖谦立即请张栻一道阅读、研究。

密切的学术交流切磋，使两人的学术思想相互渗透，相互影响。在修养论上，张栻向吕祖谦灌输"收敛操存，公平体察"之说。对此，吕祖谦欣然接受。而在史学上，吕祖谦对张栻帮助亦多。张栻先吕祖谦一年去世。吕祖谦痛失知己，病中撰文祭之，历数与张栻的交往和自己由此得到的启迪，感情真挚，令人感动。

吕祖谦只比陆九渊大两岁，但资格却比陆九渊老得多。他们第一次见面是在乾道八年（1172），当时吕祖谦三十五岁，陆九渊三十三岁，吕祖谦为考官，而陆九渊是一名参加考试的考生。在这之前，吕祖谦对陆九渊的学术思想、文章风格已经相当熟悉。如若不然，吕祖谦根本不可能从众多的考卷中，一眼就看出陆九渊的那份答卷。吕祖谦对陆九渊之所以如此欣赏，主要是陆九渊心学甚合吕祖谦之意。吕学中的心学成分，抑或与陆九渊的影响有关。

吕祖谦与陆九渊的交往，是以学术交流为中心的。但与朱熹之间的交往一样，两人之间绝不仅是讨论学术问题，彼此的私人交往是非常密切的。

在学术方面，吕祖谦与朱熹、陆九渊交往，最有名的是组织了"鹅湖之会"。

组织"鹅湖之会"

吕祖谦为了调和朱熹与陆九渊即南宋理学阵营内部的"理学"派和"心学"派之间在方法论上的分歧，使之哲学观点"会归于一"，积极出面组织召开一次朱、陆双方的学术讨论会。淳熙二年（1175）春，吕祖谦从浙江东阳出发，到福建崇安朱熹的"寒泉精舍"留住了十多天。之后，吕祖谦又在福建建瓯一带逗留了约两个月，与朱熹相聚四十多天，而被朱熹留在家中十多天，相与研读周敦颐、二程兄弟、张载的书。两人都认为周、二程、张等人的书"广大宏博，若无津涯"，使人难以一下子掌握。为能使人"掇取其关于大体，而切于日用者"，吕祖谦与朱熹共同摘编而成了《近思录》，以作为初学者学习道学的入门教材，吕祖谦写了跋，后以朱熹名义刊印。

吕祖谦结束了福建之行，朱熹特地亲自送他回浙江，途经江西上饶鹅湖寺。鹅湖寺地处闽、浙、赣交界，按照吕祖谦事先的安排，陆九龄、陆九渊兄弟应约来会，这便是历史上有名的鹅湖会。这次鹅湖之会，吕祖谦是发起人也是主持人。这次集会规模不算很小，虽然会上直接参与辩论的双方是朱熹和陆九渊兄弟，但列席旁听的人很多，如浙江的学者刘子澄、赵景昭、赵景明、潘叔度，还有朱熹、陆九渊、吕祖谦的若干门人，估计不少于二十人。

鹅湖之会辩论的一方是以朱熹为代表的理学派，另一方是以陆九渊为代表的心学派。

朱熹是二程的四传弟子，从小受到了比吕祖谦更为正统的理学熏陶，青年时又受学于杨时再传弟子李侗，得二程学说之真谛。

朱熹理学虽然以继承二程特别是程颐之说为主，却又非二程理学所能规范。首先，为确定理学的思想体系和范围，朱熹阅读整理了北宋时期所有重要理学著作。为理顺理学发展的历史线索，他编写了我国第一本理学史——《伊洛渊源录》；为弘扬理学，帮助初学者入门，他和吕祖谦一起编写了《近思录》；为替理学争得正统地位，他以理学观点系统地注释了儒家经典，其《四书集注》成为中国封建社会后期的官方教材，科举考试的标准答案。朱熹所做的这一切，有力地扩大了理学的营盘，推动了理学的纵深发展。

朱熹理学的核心是天理观，认为天理是世界万物的总根源。他说："理也者，形而上之道也，生物之本也。"又说："未有天地之先，毕竟也只是理。"

理气关系是理学本体论重点。朱熹在继承二程理本气末、理先气后的观点的同时，指出气虽由理而生，但理亦不能离气而存。他说："天下未有无理之气,亦未有无气之理。"

在理欲观上,朱熹和他的先辈一样,宣扬"存天理、灭人欲"。

陆九渊以"心学"与朱熹"理学"分庭抗礼,形成了理学的重要派别。陆九渊远承孟子的"尽心"说,近取程颢"心是理"的命题,着力铺陈"心"为天地万物之本的观点,形成以"心即理"为核心的心学体系。

在本体论上,陆九渊有一句为大家所熟悉的著名命题,即"宇宙便是吾心,吾心即是宇宙",规定"心"为其哲学的最高范畴。在陆九渊看来,充塞宇宙万物之理,无逃于心。"万物森然于方寸之间,满心而发,充塞宇宙无非此理而已。"他把客体(理)安置在主体(心)之中,进而得出客体服从主体的结论,说:"人皆有是心,心皆具是理,心即理也。"在这里,"心"统摄着"理",吞没了"理",天地间的一切为"心"所主宰。陆九渊的这一理论为二程中的程颐所不备,亦与朱熹"宇宙之间,一理而已"的观点大有不同。

另外,陆九渊还认为,"心"和"理"是永远不变的:"千万世之前有圣人出焉,同此心,同此理也;千万世之后有圣人出焉,同此心,同此理也;东南西北海有圣人出焉,同此心,同此理也。"不难看出,陆九渊是以新的姿态出现在理学阵营中的。

陆九渊所说的"心"还有另一层含义，即表现为伦理实体。他说："仁义者，人之本心也。"于是"发明本心"则演变为对伦理的自我反省、自我认识、自我完成的过程。

陆九渊与朱熹另外的不同之点在于：陆九渊主张为学的方法是"力大""知本""发明本心"，认为只要悟得本心，不必多读书。陆九渊的修养论是围绕"存心灭欲"而展开的，这和程、朱等人提倡的"存理灭欲"是一回事。他们的不同之点在于朱熹强调以"主敬"为手段，达到"存理灭欲"的目的。陆九渊则反对形式上的繁文缛节，力倡"易简工夫"。

就为这些不同，朱熹和陆九渊之间进行了长期争论，也由于长时间的争论，双方的关系弄得极为紧张。而与朱熹、陆九渊双方都有良好关系，在自己的学说中兼收朱、陆双方学术思想的吕祖谦，便组织了这样一次集会，一方面企图让朱、陆学说达到融合，另一方面，则要调解他们之间的紧张关系。

陆氏兄弟在与会前一天就策划如何对付敌手。原来陆氏兄弟两人本来思想也并不完全一致，陆九龄便对陆九渊说："伯恭（祖谦）约元晦（朱熹）为此集（会），正为学术异同，某（咱）兄弟先自不同，何以望鹅湖之同？"

第二天大家集中后，陆氏兄弟便先以赋诗攻讦。陆九龄先开了一炮，吟诗一首，极力标榜自己的"心学"："孩提知爱长知钦，古圣相传只此心。大抵有基方筑室，未闻无址忽成岑。留情传注翻榛塞，著意精微转陆沉。珍重友朋相切磋，须知至乐在于今。"朱熹只听了前面几句就不耐烦，便转过头来对吕祖谦说，陆九龄上到陆九渊的船上去了！意思是说他们兄弟俩穿上了连裆裤。接着，陆九渊依着哥哥诗的原韵又和了一首："墟墓兴衰宗庙钦，斯人千古不磨心。涓流积至沧溟水，拳石崇成泰华岑。易简工夫经久大，支离事业竟浮沉。欲知自下升高处，真伪先须辩只今。"朱熹听后气得要死。吕祖谦一看苗头不对，赶忙建议大家"各自休息"。此后开始了几天激烈的论辩。朱熹当时情绪不佳，没有答诗，一直到别后三年才依二陆原韵和诗一首，诗的最后两句是"只愁说到无言处，不信人间有古今"。算是向二陆"回敬"一炮，以消夙日之恨。

　　这次会议虽然不欢而散，但吕祖谦不失会议主持者应有的风范，"甚有虚心相听之意"，对辩论双方做了不少工作。

　　这次会议争论的中心是关于认识论方面的问题。据朱陆双方的门人讲，朱熹主张"欲令人泛观博览而后归之约"，二陆的意见是"欲先发明人之本心而后使之博览"。朱熹以陆氏教人为"太简"，陆以朱氏教人为太"支离"。朱熹主张"泛观博览""格物穷理"。认为天地万物皆由"理"而生，万物生成后，"理"又寄寓于万物之中。"理"与"气"的这种关系，就像木匠造了房子，而木匠又住在房子里面。朱熹解释说，"穷理"就是破核桃壳子。意思是，客观事物是"理"的外壳和形式，欲求得抽象的"天理"在于不断地"格"，破那"理"的外壳——物。

陆九渊认为"万物森然于方寸之间"，所以求事物之"理"在自己的内心，所谓"先发明人之本心"。

陆九渊批评朱熹"支离"，在于朱熹谈"格物穷理"时唯怕"给物牵了去"。陆九渊主张彻底抛弃物，虽然物是"理"所生的。他说，朱熹拖泥带水，"只管言来言去，转加糊涂"；而说他自己是"开口见胆"，直截了当。

陆氏还揭示了朱熹"理本论"的本质，说朱熹所谈的"理"是"此老氏（道家老子）之宗旨也"，"直将无字搭在上面，正是老氏之学"。

朱熹则批评陆九渊"太简"，认为陆九渊的"心本论"太粗糙，如同佛教的禅宗。他说："子静（九渊）一味是禅。"又说："子静说话，常是两头明，中间暗……他所以不说破便是禅，人所谓'鸳鸯绣出从君看，莫把金针度与人'。"更有趣的是朱熹竟惟妙惟肖地描绘陆九渊"心本论"的狂妄自大，否定客观一切的特点。他说："子静之学，只管说一个心……认得一个心了，万法流出，更无许多事，他却是实见个道理怎地？所以不怕天、不怕地，一向胡叫胡喊……便是天上天下惟我独尊。"陆九渊强调"吾心"，朱熹认为绝对观念的"心"（或理）是"乃属天地"的客观物。

朱、陆的争论，后人称之"道士朱熹、和尚陆九渊"之间的争论。正是人们认识到他们主观的"心本论"和客观的"理本论"上的区别。清初学者黄宗羲说，朱、陆二人好像是甲、乙两人同进一室，不过一个从东边的门进去，一个是从西边的门进去，结果是一样的。

"鹅湖之会"在调和朱熹、陆九渊的学术观点方面并没有达到预期目的，但收到了三方面的积极效果。

（一）朱熹、陆九渊双方在辩论中充分阐述了各自的观点，对各自思想的发展起了促进作用，对当时的学术发展也起到了促进作用。

（二）虽然陆九渊的观点没有改变，但陆九龄的观点却发生了重大变化：从坚持与陆九渊相近的观点，逐步向朱熹的观点转变。淳熙六年（1179），陆九龄来金华和吕祖谦相会，在他家中住了二十余日。此时，陆九龄已完全放弃了原先所主张的教人之法，而倾向于朱熹的观点。对此，吕祖谦很是高兴，写信告诉了远在福建的朱熹。

（三）朱熹与陆九渊之间的关系逐渐趋于缓和。淳熙八年，也就是鹅湖之会后的第六年，经过吕祖谦长时间的调和，陆九渊终于前往南康访问朱熹，并同意到朱熹主持的白鹿洞书院讲学。当时，吕祖谦已经病重，卧床不起，听到这一消息后很是高兴，连忙写信向朱熹询问，并帮陆九渊说了一通好话，恳请朱熹主动与陆九渊搞好关系，正常地进行学术切磋。吕祖谦的努力终于有了成效。

与不同学派代表人物的交往

吕学，就其主要倾向而言，无疑是属于理学阵营中的一个支系，其为学主旨乃是穷究和践行道德性命之理。因此它和当时倡言功利，反对讳言功利、尊王贱霸、流于空疏的道德性命义理之说的永嘉、永康学派，存在着重大的理论分歧。

双方在不少带有根本性的问题上所持的观点，可谓楚河汉界，泾渭分明。然而学术观点的某些严重分歧，并没有妨碍吕祖谦和永嘉、永康功利学派代表人物交友。吕祖谦一直持这样的观点：多与几个意见相左的人交朋友，对于增进自己的道德素养，开拓自己的学术视野，未尝不是好事。他将这种认识付诸实践，结果使自己成为功利学派的至交挚友。中国的学术界，历来有门户之见，素喜党同伐异，所谓"道不同不相谋"，这是妨碍学术切磋正常开展的严重偏见，亟待根除。而理学尤重其所谓的道德的纯洁性，容不得半点不同声音。一般理学家多喜与自己意见相同者相处，而视不同意见者为异端。正是在这一点上，吕祖谦超越了朱熹、张试、陆九渊等人。他引永嘉、永康代表人物登堂入室，且时常命驾浙东，与薛季宣、徐居厚、陈君举、陈亮等人相会，甚至滞留忘返。同样，永嘉和永康诸人也并不因为吕祖谦是道学中人而疏远他。相反，他们视吕祖谦为忠实朋友，亦时常来吕祖谦处，一住就是十天半月，有时竟经月不归。双方书信不断。在频繁的接触过程中，他们为吕祖谦的忠厚为人和宏富学识所折服，受吕学影响不小。功利学派所提倡的注重实效、经世致用等主张亦在吕学中得到了充分反映，清楚地显示了吕学受功利之学影响的轨迹。吕学之所以比朱熹、张试、陆九渊等人的学术思想多了一层淡淡的功利主义色彩，盖源于此。

薛士龙（1134~1173），亦名季宣，永嘉（今属浙江）人，是首倡永嘉学派功利之风的学者。吕祖谦很早就与薛士龙建立了友谊。吕祖谦在和别人的通信中，常提及他与薛士龙相与讲学之事，认为自己从士龙那里得益匪浅。如果说吕祖谦每次与薛士龙见面都平添喜悦的话，那么，与薛士龙的每次分别，则总不免有一丝惆怅落寞之感。乾道九年，薛士龙四十岁突然暴病而亡。吕祖谦失声悲号："可痛！可痛！"

此时正值吕祖谦因父丧忧苦过度，身体虚弱，行动不便，他只好派人前往吊唁。尔后，吕祖谦为薛士龙撰写了墓志铭。在这篇墓志铭中，吕祖谦高度赞扬了薛士龙招集流民、编制保甲、实行屯田、抗击金兵的业绩，称其学"博览精思二十年"。此外，吕祖谦与薛士龙的门人如徐居厚、陈君举等关系也相当好。

吕祖谦与陈亮的关系令人瞩目。陈亮（1143~1194）是永康派思想家、文学家，才气超迈，喜谈兵。孝宗时作《中兴五论》，反对"和议"，力主抗金。遭当权者嫉恨，多次被捕入狱。出狱后志气益励，尝以"推倒一世之智勇，开拓万古之心胸"自许。赞成变法，但反对不利于富民商贾的措施。学术上提出"盈宇宙者无非物，日用之间无非事"的命题，指责理学家只讲主观动机而空谈"道德性命""相蒙相欺，以尽废天下之实"。当时，朱熹希望以理学思想改造陈亮，要他放弃"义利双行，王霸并用"的功利学说。这引起了陈亮的极大不满，双方展开了长达数年之久的辩论。陈亮明确宣称自己对做一个"醇儒"不感兴趣，而要做一个顶天立地的大丈夫。因此他成为南宋时期反理学阵营中最为骁勇的战将。在正统理学家眼中，陈亮自然也是一个"大不成学问"的人，更不会主动地接近陈亮，与之成为忠实朋友。在此情况之下，吕祖谦和陈亮却结成莫逆之交。朱熹曾一再希望通过吕祖谦去说服陈亮放弃功利之学，而皈依理学。吕祖谦与陈亮交谊之深，亦可由此得到佐证。吕祖谦在临终前几年，与陈亮接触尤多，书信一封接着一封，往来一次连着一次。陈亮说："伯恭晚岁与亮尤好。盖亦无所不尽，箴切诲戒，书尺具存。"他称吕祖谦为平生第一知己。吕祖谦死后，陈亮备感寂寞，认为世上再也找不到像吕祖谦这样可以无所不谈、谈无不尽的知心朋友了。

吕祖谦生前，陈亮几乎每篇文稿侯成之际，总要先听听吕祖谦的看法。吕祖谦每收到陈文，亦欣慰异常。吕祖谦尤其欣赏陈亮的代表作之一《酌古论》，认为此书"断句抑扬有余味，盖得太史公笔法"。陈亮在《酌古论·武侯赞》中对"靖康之耻"多有发挥，吕祖谦看后拍案叫好，认为这"尤有补于世教"。而这与朱熹的评论大相径庭。朱熹说其中功利色彩过浓，传播开来"尤可忧"。一个认为"尤有补于世教"，一个认为"尤可忧"，反差如此强烈。这说明对于陈亮之学，吕祖谦业已突破了一般理学家的偏见，做到了"公平观理所在"。

著　述

吕祖谦著述宏富，由其亲手修订编纂的文稿汗牛充栋。

《东莱左氏博议》，亦名《东莱博议》，共二十五卷。以《左传》所载史实为题，发挥其政治、哲学、伦理等观点，文字淳朴精当，议论奇兀，常出人意表。此书深受当时及后世读者喜爱，曾作为丽泽书院学生习作范文而广为流传。

《吕氏家塾读诗记》三十二卷。解说儒家经典之一《诗》，其特点是在众说纷纭的基础上，"兼总众说"而"融合贯通"，并"挈领提纲"地加以概括，形成一家之见。

《大事记》十二卷。内附通释二卷，解题十二卷。采用《左传》和司马光《稽古录》《资治通鉴目录》的体例。本欲历辑自春秋至五代的重大历史事件，以供后人借鉴，后因病而未完成编辑计划，只辑成自周敬王三十九年至汉武帝征和三年（前481～前90）这段历史时期的一些历史事件。

《皇朝文海》，又名《宋文鉴》。宋孝宗曾赐名为《皇朝文鉴》，一百五十卷。为吕祖谦修订而成。原版本舛误较多，经吕祖谦一一订正，"黜浮崇雅"，取舍"精详"。其内容是从宋朝文人学士的文集中选录佳作，按文章或诗歌的体裁分类，门类共六十一种。

《书说》三十五卷。前二十二卷由其门人时澜增修，后十三卷则由吕祖谦亲自撰写。

《系辞精义》，亦名《易说》，二卷，引《伊川易传》及诸家说，在此基础上加以发挥，增补前人所不具的内容。

《古周易》一卷。自王弼以后，《周易》皆以传附经。吕祖谦乃以上下经、十翼各为一篇，复古本之旧。此书很得朱熹的推崇，朱熹撰写《周易本义》即用此本。

《古易音训》二卷。有宋咸熙刊本。

《周易传义音训》八卷，首末二卷，金华丛书本。

《春秋左氏传说》二十卷，金华丛书本。

《春秋左氏传续说》十二卷，金华丛书本。

《通鉴译书》一百卷。

《唐鉴》二十四卷。该书由宋范祖禹撰，原本十二卷，吕祖谦作注，卷析为二。有弘治本，题名为《吕东莱先生音训大唐文鉴》。

《少仪外传》，亦名《辨志录》，二卷，原本久佚，今从永乐大典录出。

《历代制度详说》十二卷。

《诗律·武库前后集》三十卷。有人疑为伪托。然诸家书目多宋刊本，疑为家塾课徒之作。

《丽泽讲义》十卷，是在丽泽书院为诸生讲学的教材。

《古文关键》二卷。

《东莱文集》四十卷。为其弟吕祖俭、侄吕乔年合编。该书将吕祖谦部分文稿汇集刊行。为研究吕祖谦最主要的资料。

吕学的主要内容也反映在吕祖谦的大量书函之中。有关其学说的内容，我们将在后面分章介绍。

英 年 早 逝

吕祖谦从二十七岁踏上宦途，既没有飞黄腾达、手握重权，也没有饱受磨难、屡遭挫折，基本上算是平坦而无起伏。其原因除他是世家子弟、朝中有不少世交故知相维护外，主要是他在政治上安分守己，随和不争。

吕祖谦从孩提时起，就深知封建官场的险恶，故而在为官后处处注意保全自己。他认为要想立足于官场，首先要磨去棱角，圆通处世。概括起来，这种"圆通"有两个重点：（一）对同僚注意社交应酬，这样就不会孤立；（二）对上司委曲求全，顺从听命，以免招致猜忌。吕祖谦又把自己在官场上奉行的原则概括为"内不敢旷职，外不敢立异"两条。一切按部就班，沿袭旧例。

吕祖谦这种不求有功，但求无过，世故圆滑的为官之道，使他在官场上平稳风顺。也正因为如此，他所做的也只能是一般的史官与学官。

与其平坦安稳的仕途形成鲜明对照的是他在私生活上的坎坷。

首先，在婚姻上，"三娶皆先卒"，这使他精神上受到了很深的创伤。吕祖谦二十岁时，娶尚书左司郎中韩元吉之长女韩复为妻。婚后五年韩复病死。因为和韩复感情甚笃，吕祖谦一直守了七年，在三十二岁时才再娶——韩元吉又将幼女韩螺嫁给他。但两年后，韩螺又暴病而死。此后又遭父忧，三年之内不能婚娶。四十一岁时，他再娶国子祭酒芮烨之女。芮女时年十七岁。是时，吕祖谦身患"萎痹"，已临近其生命历程的最后阶段。芮氏极尽妇道，对吕祖谦照顾甚周，使他宽慰不小。谁知婚后才一年，芮氏又先他而去。芮氏之死，使得吕祖谦悲恸欲绝。他认为芮氏早卒，纯是因为照顾自己、劳累过度所致。他在家人的帮助下，拖着病躯，亲自为芮氏之坟上土。吕祖谦的早卒，与芮氏之死所受到的强度刺激关系甚大。

其次，吕祖谦两次出仕期间，先遭母亡，后逢父丧。三十岁那年，吕祖谦母亲病死他的任所，吕祖谦归咎自己没有侍奉好，离职而去。八年之后，其父病死家中，时值吕祖谦在杭州当礼部试官，参与主持院试。父亲临终之前，吕祖谦竟无缘再见一面。这对极为注重孝道的他来说，是一个至死也不能自我原谅的罪过。他悔恨自己为官事所拘，既没有在父亲病重时亲奉药饵，以尽子职；又没有在父亲弥留之际，伺候其终，故而长时间地自怨自艾。过度的悲痛，加速了吕祖谦体内潜伏疾病的迸发。他多次自称："病疾沉痛，已成废人。"父亲死后，他"屏居五年，阖户温习故书"，再也无心在官场上奔走了。

吕祖谦本来就不是一个体魄强健的人，私生活的屡屡不幸，使其身心一再受到重创，以致正当盛年就患不治之症而过早地离开人间——去世时，只有四十五岁。

综观吕祖谦的一生，天年不足，病中不辍读书著述，在仅二十多年的学术生涯中，编纂修订众多的经学和史学著作，撰写了不少学术专著，可谓学富五车，著作等身。近年浙江古籍出版社出版的《吕祖谦全集》近千万字，令人惊叹！尽管吕祖谦的一生业已取得如此巨大的成就，但从吕祖谦所具有的潜力而言，由于天年不足，则远远未曾达到他所能达到的高度。他曾自谓"意欲及筋骸尚未衰惫，考沿训诂，极意翻阅，至五十以后乃稍稍趋约，庶几不至躐等也"。这说明，他本就打算在五十岁前以博学为主，五十岁以后从事"由博返约"的贯通、提炼工作。假如吕祖谦也能像朱熹享有高年，他的水平和成就必将不可限量。但吕祖谦的人品学风为后世楷模，他在中国学术史上是里程碑式的人物，值得后人学习。

第 2 章

吕祖谦的社会政治思想

南宋时期，尖锐的阶级矛盾和民族矛盾交织在一起，酝酿的社会危机四伏。偏安于江南一隅的南宋小朝廷，面临着来自两个方面的严重威胁：一是劳动人民不堪忍受腐朽的封建统治者的残酷剥削，于是"叛者如云"，频繁的反抗活动遍及各地；二是北方女真贵族军事集团并不满足于它已经侵夺的宋朝"故疆之半"的辽阔地区，对富庶的江南垂涎欲滴，因而不断地发动试探性的军事进攻，伺机摧毁尚存"半壁江山"的南宋王朝。南宋封建统治集团如置身于积薪之上，稍不留意，就会遭受焚灭之祸。吕祖谦作为头脑清醒的思想家，针对时弊，提出了他的社会政治思想，旨在寻求化解潜伏着的严重社会危机的途径。

吕祖谦的社会政治思想主要有两方面：一是要求劳动人民安于贫困的经济生活和卑贱的社会政治地位，俯首帖耳地接受封建地主阶级的政治统治，不得有触犯封建生产关系的越轨举动，更不得采用暴力手段反抗封建剥削制度；二是要求封建统治集团克服骄奢淫逸，对百姓不可采取竭泽而渔的剥削方式，而应该"取民有制"，创造一个让百姓得以休养生息的社会环境。减轻赋税，发展生产，让劳动人民有起码的物质生活条件。同时还要求重新整顿纲纪，协调统治集团内部的关系，减少矛盾。吕祖谦的这些政治主张在主观上是为了封建社会的长治久安，但在客观上也部分地符合当时广大劳动群众的愿望，从历史角度讲具有进步意义。

减轻赋税，实行"取民有制"

在封建社会，劳动人民承担着全社会的物质生产力，是封建社会赖以存在的物质基础的提供者。离开了劳动人民的辛勤劳动，封建统治就一天也维持不下去。关于这一点孟子说得很坦率："无君子，莫治野人；无野人，莫养君子。"孟子认为"野人（劳动人民）"必须要有"君子（封建统治者）"统治，而"君子"则需靠"野人"供养。吕祖谦继承了孟子的这一思想，认为"万民"和"圣人"谁也离不开谁。"万民"需要"圣人"教化与统治。尽管"圣人"之德足以与天地配合，然而他们要活下去就得吃饭和穿衣，所需的"食"与"帛"全靠劳动人民供养。这就是说，天下之所以免于"冻于冬，而馁于涂（途）矣"的厄运，主要是因为有蚕妇的纺纱织帛和农夫的耕耘力穑。因此，"圣人"和"君子"不能像那些"惟利是嗜"的"小人"一样，必须体恤这些蚕妇和农夫，使他们甘心情愿地"力穑"。

"人君"要想使老百姓"甘心奉养"，应该视"服田力穑"的劳动人民"以为宝"而加以爱惜，"恤力役""赈凶荒"，使劳动人民有最起码的物质生活条件。基于这种认识，在赋税问题上，吕祖谦提出了"取民有制"的思想。

吕祖谦认为"下"（劳动人民）要心悦诚服地向封建统治者缴纳赋税，以自己的劳动成果供养封建统治者，只有这种"民输"才符合"人臣之义"。"上"（封建统治者）可以心安理得地接受"民输"，但要有所节制（"止"），假使无止境地强迫"民输"，重敛不止，超过一定的限度（"制"），这就是"人君之失"了。于是，他进一步指出："损下益上为损，损上益下为益。"这是因为统治者"无制"势必加重劳动人民的负担以至于无法"民输"，这就叫作"损下"，而"损下"的直接结果是使蚕妇、农夫"厌耕织"，从封建统治的长远利益来看这是极其有害的。因而"损下"归根结底是"损上"，是真正的"损"。但"上"如果变横征暴敛为薄赋轻徭，使广大劳动人民可以忍受其剥削，那么，虽然暂时对百姓剥削减轻而获利少些，似乎有所"损上"，封建统治却能因此较长久地存在下去。所以，这种"损"才是真正的"益"。

基于此，吕祖谦力劝封建统治者"广取不如俭用"，要适当地"朴素简约"，并把这作为国家兴旺的重要保证。在吕祖谦看来，要想使天下强盛，统治者就必须"朴素简约"，相反，如果一味地"奢侈靡丽"，国家就要趋向衰亡。因此，他认为与其为了满足自尊的荒淫奢侈而拼命向人民敲诈勒索，搞得天怒人怨，倒不如"俭用"一点，求太平安稳。尤其在"札瘥凶荒"之际，更要"薄征""散利"。在对"周礼十二政"的注释中，就此问题他系统地发挥了一系列观点。他认为在"凶荒之年"，封建统治者要使流离失所的人们安定下来，休养生息，首先必须"散利"，即开放国库的财物，赈荒济贫；"薄征"，即减免农民无力缴纳的赋税；对于那些"迫于饥寒"而犯有"过失"的人要宽大处理，以示"哀矜"之意；往常要征的徭役亦要"弛之不用"，并开放山林之禁，让山林之利听凭百姓"取之"；撤除关卡，少征关税，以便于"百货流通"，互通有无。这些思想都是要求封建统治者少取于民，薄取于民。同时，吕祖谦认为封建统治者仅此还不够，他们自己还必须"俭用"。就是对于那些耗费财力、物力和人力的"礼文"，能省去的尽量"省之"，例如，不以牛羊祭天地之类。同样，对于"丧纪之节"也要一概"减损"，不搞"以死伤生"的蠢事。荒凶之年，百姓不胜其忧，衣食无着，统治者也不能独自享乐，应该"忧民之忧"。对于那些鳏夫寡妇更要"哀矜"，不能用一般的礼节去约束他们，而应让他们较为自由地成婚。靡费钱财的鬼神活动也要"不举"。这些都是"俭用"的设想和应该采取的措施。除此之外，吕祖谦还提出对那些"伺变窃发"的"奸人""盗贼"要"必除之"，因为在"凶荒之岁"，人心思变，一夫振臂，万夫响应，对于统治者是很大的威胁。因此要把敢于发难的"奸人"斩尽杀绝，方保无虞。这是吕祖谦阶级本性的局限。但总的说来这"十二荒政"的诠释，贯穿了"广取不如俭用"的观点，其中也确实包含了一些有价值的见解。

吕祖谦不仅提出了"取民有制"的理论，而且力求使之得以实施。他曾称赞当时的严州太守张栻，用"简省宴会，裁节用度"的方法减轻赋税是"极难得也"。他本人在当严州学官时，目睹封建统治者加在严州人民头上的沉重赋税，毅然接受了张栻的要求，以严州太守的名义上书南宋朝廷，请求朝廷免除丁盐钱绢的数额，减轻人民的负担，好让老百姓有一个"息肩之日"。

吕祖谦坚持认为减免丁盐不是一件"细事",而是关系到能否使"一方民力甚宽"的问题,但减免总要比一点也不减免要好,这也是应该承认的事实。

吕祖谦始终如一地坚持"取民有制"的思想,其间流露了同情人民痛苦遭遇的倾向。士人中能有这种情操的却不多见,他的这一观点可与北宋名臣范仲淹在其名著《岳阳楼记》中提出的"居庙堂之高则忧其民,处江湖之远则忧其君……先天下之忧而忧,后天下之乐而乐"的思想相媲美,具有很强的历史进步性。吕祖谦在出仕期间,也是这样要求自己:"当官处事,常思有以及人。"当官的在处理政务时,要经常思及老百姓。比如,有些"科率"不能减免,但也要从长计议,其目的是"使民省力",而不能"重为民患"。吕祖谦对一些相知也提出了类似的期望。朱熹在南康期间闹情绪,多次想辞职不干。吕祖谦写信勉励他说:"耐烦忍垢,扪摩疲民……使一方之民,小小休息,亦不焉燕稿也。"汪端明入川主事,吕祖谦希望他要以"填扪一方之民"为己任,有所作为。

吕祖谦之所以力主"取民有制",还有更为深刻的原因。他从历代封建王朝的兴亡更替中,朦胧地觉察到了劳动人民的巨大力量。于此,吕祖谦进行了历史的论述:秦朝看不起老百姓而疏防于老百姓，因为惧怕匈奴的势力强大，所以时刻戒备匈奴的进攻，但是最后灭亡秦朝的不是匈奴而是老百姓。隋炀帝轻视"盗贼"之手；那些昏君庸王之所以敢于暴虐百姓，恐怕是因为他们以为老百姓的怨声载道没有什么大不了的，他们之所以敢于荒淫奢侈而不加任何收敛，恐怕也是以为财政匮乏没有什么大不了的。这是很危险的，老百姓是千万轻视不得的啊！

君主要想保住自己的统治地位，必须"柔顺文明"。虽说君主是至尊至贵的，但实际上处境是十分危险的。老百姓和君主的关系犹如江水和舟的关系。江水固然"能载舟"，但也"能覆舟"，假使君主"恃其尊"，肆意与老百姓为敌，以虐待百姓为能事，总有一天，皇冠非被劳动群众打落在地不可。因此君主们要想保住自己至尊至贵的位子，就必须小心谨慎，不能有半点疏忽。以上关于载覆之论虽早有记载，但吕祖谦再一次提出这个问题，绝不是毫无意义地对历史结论的重述，在当时条件下，能有这个认识总算是明智的。

当时的南宋，境内"民力已殚"，劳动人民处在水深火热之中，被迫揭竿而起。面对这一局面，吕祖谦痛切地感到统治集团的"无道"，已给其自身造成了很大威胁。他认为"民"本来是没有"贪乱之心"的，但是统治者如果一味无所顾忌，"取民无所止"，使他们陷于"无处可逃""荼毒而死"的绝境，那么，他们也会铤而走险，"不爱其身"，点燃反抗封建统治的熊熊烈火，从而成为封建统治的"倾覆之患"。而要阻止这种局面的继续发展，就必须实行"与民休息"的方针。"大凡患难已极，必须解散。"何谓"解散"？吕祖谦有一个补充说明："用广大平易之道与民安息。"这里所说的"与民安息"与前面说的"取民有制"思想是一脉相承的。其目的在于适当地缓和当时已处于白炽化的阶级矛盾，以恢复和发展社会生产力。从这个意义上说"取民有制"是封建社会中较有远见者的思想。

反对土地兼并的"均田"论和"富恤贫"论

　　土地兼并问题是中国封建社会中后期的顽症之一。宋代土地兼并现象尤为严重。早在北宋开国之初，宋太祖赵匡胤就以经济上的让步，换取官僚豪绅对其政权的拥戴。他公开鼓励他们广置产业，购置良田沃土。同时，他还经常向有功的文臣武将"赐田"。后来已无官田可赐，而皇帝的"赐目"仍然频繁下颁。这加快了土地向豪强的集中，出现了"富者有弥望之田，贫者无卓锥之地；有力者无田可种，有田者无力可耕"的局面。南宋土地兼并之风较之北宋更盛。原因是：

（一）宋室南迁，皇室在南方原无土地，大批从北方迁移南方的高级官僚和将领亦无寸土。他们凭借手中的政治特权大肆掠夺土地，精心经营产业。像南宋初期抗金名将岳飞，他被害后，朝廷没收其家产，计有水田七百多亩，旱田一千一百多亩。这还是当时诸大将中占地最少的，其他官僚将领占田的情况可以想见。

（二）原来就在南方居住的官僚豪绅纷纷效尤，竞相兼并。南宋初年政局混乱，各州县的土地账簿都在战争中散失，这就为官僚豪绅串通"乡村保正司乡，通同作弊"，霸占别人土地造成机会。吕祖谦的时代，竟有"大抵田亩皆归官户"之说，连绍兴偌大的鉴湖，亦被"奸民豪族公侵强据"。

大批农民失去了土地，弄得"无田可种"，而"官户"占领了大量的丰腴之田又"无力可耕"，致使"膏腴之地遂成荒田"。社会生产力出现了衰退之势。这不仅陷民于荼毒之地，而且也直接影响到了封建国家的财政收入。对此，一些有头脑的士人都深感忧虑。其中不少有识之士为了克服这一顽症提出了种种设想。如朱熹就曾建议恢复井田经界，以制止土地兼并。朱熹认为，要行仁政，就必须从恢复井田经界做起。他为此事专门写信与吕祖谦商议。对朱熹反对兼并土地的观点，吕祖谦完全赞成。但是，吕祖谦并不同意朱熹关于恢复井田经界的具体方案。吕祖谦认为，早在西汉末年，王莽为解决土地兼并就推行过井田制度，结果是，不但没能够解决问题，反而落得身败名裂。历史教训应该记取。吕祖谦向朱熹指出，一千多年前王莽贸然推行井田而陷入绝境，过了一千多年以后，今天还搞井田制，其后果肯定是不妙的。

几经参订审核，吕祖谦提出了自己的主张，这就是均田的设想。他设想由大、小司徒"总大法、操体统"，掌管"均土"的总原则。下设专门的"均土之职"，这些人的职责是"出入阡陌，周旋井里"，考察土地的"厚薄肥瘠"、山林的"高下"、川泽的"曲折"，视不同情况而"分民授土"，然后责令农夫"各守其地""各任其事"。农民有了安身立命之地，耕耘不息，国家的财政收入就会源源不断而不至于匮乏。吕祖谦提出"分民授土"的"土均之法"，目的是相当清楚的，即希望南宋统治集团以此抑制日趋严重的兼并之风，以利于封建经济的恢复。

实际上，吕祖谦的均田设想，从本质上看，同样是"惟知旧俗之是怀"。我们这样说是有依据的。因为这种"土均之法"在北魏时期已经实行过一次。北魏孝文帝太和九年（485）在均田的丁未诏中明确指出要"均给天下之田"，按照每人的社会等级地位决定授田之多寡肥瘠，曾收到一定的积极效果。吕祖谦均田之法的提出，也许正受此启发。

然而无论是朱熹所津津乐道的井田制，还是吕祖谦所憧憬的"分民授土"，都是已经过时的单方，根本无法医治当时土地兼并的顽症。朱熹在南康实地推行井田经界的失败即为明证。所以吕祖谦颇为感叹地说："今世学者坐而言田制，然天下无在官之田，而卖易之柄归之于民，则是举今之世知均田之利而不得为均田之事也。"

封建社会的中后期，"普天之下，莫非王土"的局面已经不复存在。随着土地私有制法律意义的进一步肯定和加强，私人所占有的土地越来越多，而由封建中央政府所直接控制的官田数额随之骤减。这种社会现实决定了吕祖谦"分民授土"的设想，没有任何现实基础。因为要计口授田，其先决条件是要有田可授。而在全国范围内推行"均田之事"，首先则要拥有对全国所有土地的支配权，否则就无异于囊无分文的叫花子企图对每个人布施重金一样荒谬可笑。唐宋以来，任何朝廷都既无足够的官田可授，又不拥有对全国所有土地任意处置的权力。吕祖谦"天下无在官之田"的一声悲叹，注定了"知均田之利而不得为均田之事"的结局。

一向注重实际的吕祖谦，明明知道"天下无在官之田"，为何还热衷于"分民授土""以丁颁田"的幻想呢？这正是他的良苦用心之所在，它的主要用意是防止封建政权统治的失控。因为失去了土地的农民"转徙而之四方"，流动性很大，危险性也很大。如果"分民授土"，令其"各守其地""各任其事"，农民减少颠沛之苦，生活趋向安定，也因此而被束缚在土地上，封建统治者可以随时随地地支配他们。关于这一点，吕祖谦在其"联保甲"的设想中，表达得更为清楚。

依照吕祖谦的设想，如果每家每户都在属于自己名下的那块土地上安定下来，政府即可"计其地之远近，量力之厚薄，校人之多寡"，以五家为"一比"组织起来，然后"五比"为"一间"，"四间"为"一族"，"五族"为"一党"，"五党"为"一州"，"五州"为"一乡"……以此类推，即能将整个社会都纳入封建统治的网罗之中，使"民无一人无系属"。这样即使"有不测之变"，也可以"相保""相受""相葬""相救""相周""相宾"。如此人人"必有所系"，相互牵制，在"大患难"之时，"虽有奸雄豪杰，亦俯首而不敢倡"。吕祖谦以为如此即可杜绝"民无所附着，游手机巧遍天下"的混乱局面，也可除灭"盗贼"，是一种有效的治理方法。"均田"的全部政治意义即在于此。

由此，吕祖谦还提出另外一种重要的主张——"寓兵于农"。

南宋时期，外患严重，边境时有战事发生。为了防御异族的军事侵扰，南宋小朝廷曾有意开拓兵源，增加军队编制。这在一定程度上充实了国防力量，但它一方面使本来就严重的兵冗之患加剧；另一方面，将领掌握军权，也容易形成尾大不掉之患。为克服这一矛盾，吕祖谦提出了"兵农为一"的主张。他建议，以相邻的五家组成"一比"，以五人而成"一伍"，暇时进行军事训练，一旦发生战争，这些训练有素的农民便可立刻成为有一定战斗力的士兵，而由朝廷官员率其冲锋陷阵。这省下了平时养兵之费，减少了财政开支。战争一结束，这些奔驰疆场的士兵还原为农，力耕疾作。

在南宋提倡"寓兵于农"，并非只是吕祖谦一人。当时功利学派的主要代表人物叶适也是提倡此说的积极分子。只是，在叶适那里说是"以田养兵"。

与"均田"论具有同等价值的政治学说，是吕祖谦的"富恤贫"论。贫富相差悬殊是封建经济结构的必然产物，也是导致社会动荡不安的基本因素。宋代，最高统治者为求得大官僚、大地主政治上的支持，对他们优容礼加，经济上听任他们对广大民众的掠夺和侵占。"朱门酒肉臭，路有冻死骨"，成为宋代社会的真实写照。建炎四年（1130）爆发的钟相、杨么农民起义，就提出了"均贫富"的口号。吕祖谦自然不会赞成农民军的这种"均贫富"。但是他却不能无视广大农民对贫富悬殊的社会现实所作的火与剑的批判。为了避免再次引起农民的武装起义，吕祖谦开设了稳定社会秩序的另一对策——"富恤贫"，通过"富恤贫"，达到"人人均足"。

人的生存是要有一定的物质生活资料维持的。吕祖谦说："且如布帛粟菽，人人所须，泉货金贝，人人欲用。"而天地产生"布帛粟菽""泉货金贝"正是为了满足天下之人的需求，对于它们的占有，必须体现人人均足的原则。为了使天之惠不被封闭，"天物"不被暴殄糟蹋，吕祖谦要求富者自觉地把多余的钱财用于社会慈善事业。他主张，富者不仅应该救济那些生活贫困、无依无靠的鳏夫寡妇及残疾者，而且还应该无偿地为他们提供棺木、食药，还应该出资修建桥梁，掘井开渠。而对那些只顾自己享乐，而不考虑鳏寡孤独者、困苦死活的人，则提出规劝，希望他们及时改弦更张。

法治与德治并举

吏治的清浊得失直接影响某一封建王朝的兴衰存亡。吕祖谦十分清楚其中的利害关系。因此，他一生虽出任的几乎都是秘书郎、编修和太学博士之类的闲职，从未身居要津，手握重柄，但他对吏治却非常重视，在其著述中时常提及。吕祖谦主张吏治必须遵循法与德并举、威与惠并重的原则，在维持封建等级制度的前提下"拊摩疲民"。

和当时一般理学家不同，吕祖谦并不否认法治的作用。他认为法与德、刑与仁之间的关系是统一的、相辅相成的。

何谓法？吕祖谦有着自己的理解。在他看来，"法"是"人情物理所在"，而不是申不害、韩非之流的酷法之书。一部好的法令，其中自然包括了"仁义之气"。后来的执法者们为了贪图方便，凭着己意办事，而不遵循"人情物理所在"之法，把事情办糟了。这不是"法"的过失，相反正好是"过法"的缘故。

基于这种对"法"的认识，吕祖谦指出不能单纯地从"刑法"的轻与重来判断它是否仁义，而应当把"法"放到具体的社会环境中去考察它的作用。有些法从表面上看似乎是很轻、很松的，但也正因为轻与松，人们就不惧怕它，结果陷于重罪，所以名为"轻刑"，实则不然，"内有轻刑之名，外有杀人之实"。相反有些刑法看上去很严峻，但是由于它使人望而生畏，从而变得循规蹈矩，减少了犯罪的现象，因而这种"峻刑"实际上是"仁义"的。吕祖谦的这一观点，在他评论历史上的刖刑时又作了相当的发挥。刑断人之足，灭人之趾，可谓是很残酷的刑法。但是，吕祖谦认为这种酷刑是"从发足起"制恶的，这就使恶不能长，而人不流于罪恶，必然会"进于善"，所以，它符合圣人之道。这就好像周公治理"商之顽民"一样，其他事情可以暂时不论，而严厉"禁其群饮"却是必须实行的。这是由于商民犯罪作恶大多是聚饮而至于"沉酗"，"遂顽而不淳"的，重禁群饮实际上也就杜绝了"为恶之本原"，所以履校灭趾是无咎的。

吕祖谦认为对于"强暴"的罪犯，用轻刑是不适宜的，只有用劓这样的严刑才行。"正如病深者用药猛"，才能医好病一样。因此用"深刻之刑，制强暴之恶"，非但没有"过于中"，还正是承继圣人的遗教。

吕祖谦在这里所说的"强暴""刚强"主要是指"蠹国害民"的"权幸之臣"和"伺变窃发"的"豪猾之民"。前者是封建统治集团内部的蛀虫，后者是指敢于破坏封建秩序的劳动人民。吕祖谦以为用严刑来消除统治集团内部的"痈疽"，铲除外部的反抗势力，就可以振封建纲纪，确保地主阶级的政治统治了。为此，吕祖谦盛叹"衰世之君"不知道这一道理，只是一味地姑息养奸，结果造成了"权幸之臣，有罪不坐，豪猾之民，犯法不诛。仁恩所施，止于目前，奸宄得志，纲纪不立"的局面。为了提醒南宋统治者大力整顿法治，吕祖谦提出了"所赦者止于过，若有罪，则义当刑"

的主张，要求统治者对于犯了小过失的人应给予赦免，以示"哀矜"，对犯重罪者要依法追究，够得上杀头之罪的则一定要开刀问斩，试图以此迅速扭转权奸当道、纲纪败坏、老百姓"被其害"的局面。

吕祖谦不但对有关法的问题作了一系列论述，而且对出仕者如何执法的问题提出了看法。

吕祖谦认为，"凡出仕者"都不能只为了"妻子"才受命于君主，一旦出仕就是在与君主共"济世务"，这就好比同乘一条船渡江涉海一样，"一事不牢，俱受其败"。因此，为了保证封建制度不受其败，"凡出仕者不问官职大小"，都要遵循为维持封建统治而制定的"法令"。对于那些犯有"赃""滥"之罪的官吏，必须绳之以法。即使是自己的故旧相知也要根据其犯罪的情节而论罪，不得徇私枉法，做到"公不败事，私不伤义，便是忠厚底气象"。

这就是说，老是计较个人的"利害祸福"，就不能"尽其平允"，而只能窥视"人主"的喜怒而"曲法"。吕祖谦指出，虽然赏罚取予的大权是人君操纵的，但人君只不过是在执行"天"即"人情物理"的决定罢了。"大抵赏罚皆出于天而寄之人君"，因此为官者也就不能视人主之喜怒来断狱，而是要根据"人情物理"之法来行事，即使事涉权贵也不例外。他说："凡治事有涉权贵，须平心看理之所在。"这就是说，既不能为了邀御强铲暴之名，使权贵有理变无理，也不能为了怕得罪权贵招来不测，而曲法使之无理变有理。一定要"平心看理之所在"。

吕祖谦重视法治，但是他尤其重视德治。他认为治理政务过程中，"德"要比"法"更为根本。他说："以法服人，其外若密，其中实疏；以德结人，其外虽疏，其中实密。"这就是说，光用"法"来降服人，外表看来很缜密，实际上是很疏散的，而用"德"拉拢人心，争取民众归附，外表虽然很松疏，但实际上是很缜密的。法治和德治的这种差异平时看不出，然而一到危急关头就可以分出高低来了。

他说，马不敢放开脚步奔驰，是由于衔辔约束着。百姓不敢恣意妄为，是由于法制约束着。衔辔一坏就可以见到马的真性，同样法制一散，就可以看到百姓的真情。平时百姓不敢因困苦而怨愤，不敢因虐待而背叛，是法制起的强迫作用。然而一旦强敌临境，使百姓惧怕的法制，此时已荡然不复存，百姓就会以"恩恩怨怨"的真情对待统治者。所以统治者一定要在太平无事之际结"深恩"于法制之外，否则到时处境就十分危险了。

为此，吕祖谦提出君主要以德治为主，争取民心，以避免"不测之祸"。当然在那样的时代，君是不可能真正"为民"的，但吕祖谦提醒统治者广施仁德，争取为官之道清、慎、勤，这也是他的明智之处。

清、慎、勤是为官之道的三字诀

吕祖谦还曾就他的门人戴衍新官上任而请教于他时，对为官之道发表过见解。他说："当官之法惟有三事。曰清、曰慎、曰勤。知此三者，则知所以持身矣。"

这三条为官之道，目的是使自己的弟子们在官场倾轧的旋涡中"持身"，但细究起来，其中包含着不少可取的因素。

所谓"清"，就是说当官须要"廉洁"，绝不能"嗜利""贪财"。吕祖谦对历史上的一些廉洁之吏称颂不已，为自己有"至为廉洁"的先人而自得，并经常向自己的门徒夸耀。对自己，他也总是以"清廉""俭洁"作为行动的准则。当时吕祖谦家道已经衰落，年成不好之时往往要靠外来的接济才免于窘迫。当然，实际情况可能要好一点，大概距事实不会太远，以至于像他这样的"书痴"也不得不不"管家务"。但吕祖谦自甘清贫，并与部下订了禁条，诸如，法外受俸，多量俸米，置造什物，买非日用品，托外邑官买物，亲知雇船脚用官钱（须令自出钱）。对官场中"嗜利""贪财"者，吕祖谦则给予劝告与抨击。他说，贪赃者开始总是不能克制自己贪婪的欲念，而存有"不必败"的侥幸之心，结果胆子愈来愈大，无所不为，"至于败"。吕祖谦要求对这类事情一定要"戒之在初"，因为即使等到贪赃后"役用权智"，殚精竭虑地遮掩蒙混，而有幸得免，又怎么能和"初不为之"相比呢？

所谓"慎"，其一是指处于祸福变幻的官场上，务必谨慎小心。吕祖谦曾关照初仕的门人们："当官既自廉洁，又须关防小人……以防中伤，不可不至谨，不可不详知也。"并告诫他们，要时刻警惕手下一些"猾吏"所设下的香饵，否则就会为其所卖，遗恨终生。如果当官的"不自省察"，受其贿赂，吞下他们的钓饵，就只能听任"小人""猾吏"的摆布了。

一个叫范育的人当库务官时，随行的箱笼都放在官厅上，以防别人的怀疑和诽谤。对此，吕祖谦大为赞扬。他说："凡若此类，皆守官所宜详知也。"出于同样道理，吕祖谦认为对于馈赠，如一概拒绝，未免不近人情，对士大夫所馈送的水果食品之类东西，倒不妨收下，但要立即回赠礼物，以尽礼尚往来之意，"余物不可受"。还要把礼赠"当厅对众开盒子，置簿抄上"。

吕祖谦认为，凭小聪明审理案件是靠不住的，往往要"失之于过"。因此，"君子虽聪明"，但切不能"自恃聪明"，想当然地"折狱"，而是要经过"周密详审"才行。

尤其是碰到一些难以决断的案件，更要"以暴怒为戒，事有不可，当详处之"，而要做到这一点，必须有不苟的精神才行。

吕祖谦反对那种"先有所主"的听讼，认为："凡听讼者不可以先有所主，以此心听讼，必有所蔽，若平心去看，便不偏于一，曲直自见。"这就是说，事先带了一定的成见，就很难做到心平气和地分清是非曲直，因而会"有所蔽"，难以作出准确的判断。只有"平心去看"，才能"曲直自见"。为了准确断狱，吕祖谦还重视对横死者进行验尸的工作，以防止"有所蔽"。他赞扬当时某些地方官不避臭秽，亲自验尸的认真态度。

所谓"勤"，吕祖谦认为无论是京官还是外任，都应该做到"职分之内，不可惰"，尽一切可能将本职工作做好，否则即为"旷职"。对待官事要像对待家事一样，"如有毫末不至，皆吾心有所不尽也"。

吕祖谦说："当官者不可徇其私意，忽而不治。"谚曰："劳心不如劳力，此实要言也。"吕祖谦认为"劳心"者是指坐而论道，只说不干，或是脱离实际闭门苦思冥索。而"劳力"则是亲自动手去做。吕祖谦将民间的谚语"劳心不如劳力"作为千古不易的"要言"，不仅是较为正确的"为官之道"，而且还具有更广泛的意义。

振武备、归版图的抗金战略思想

南宋时期民族矛盾尖锐，外患严重，北方女真贵族军事集团几乎每年都要对南宋进行骚扰掠夺。连续不断的战争给人民带来了深重的苦难，同时也严重威胁着南宋小朝廷的生存。吕祖谦认为如不进行认真有效的抗击，南宋的前途是"甚可忧"的。他反对投降，主张抗战；但又坚持认为当时的南宋小朝廷处于"百弊俱极之时"，尚不具备全面出击的军事力量。这就使他的抗金思想含有要求改革弊政的特色。

在抗金问题上，南宋统治集团内部一直存在着主和派与主战派的论争。以宋高宗、秦桧、汤思退、史弥远等为代表的投降派被金兵的侵略凶焰吓破了胆，一味屈辱求和，厚颜无耻地向女真贵族军事集团纳贡称臣，乞求苟延残喘。而以张俊、韩侂胄为代表的一批高级将领主张抗战，但又不认真地进行抗战的准备工作，只是怀侥幸之念而仓促开战，结果导致接仗辄败的悲剧。吕祖谦不同意投降派的态度。他认为"国仇"当雪，"版图"当归。但是他也不同意张、韩等人毫无准备的仓促应战。他认为抗击金兵、收复失地是一件大事，不能有半点疏忽大意，事先一定要有充分的准备。

吕祖谦主张抗击金兵，事先一定要广揽天下豪杰谋士，认真"经划"。哪些事情先做，哪些事情后做，突然发生意外之祸要采取什么应急的措施，对于那些可能发生的"未至之患"应该怎样预防……只有这样去伪存真、去虚求实地"周密详审""精加考察"，杜绝一切侥幸取胜之念，才能"大义可伸，大业可复"。他强调指出："天下之患，懦者常欲一切不为，锐者常欲一切亟为。"他认为"一切不为"的"懦者"和"一切亟为"的"锐者"都有点失之偏颇，正确的态度应该是有所为又有所不为。为阐明自己的这一思想，吕祖谦论证道："当天下之初定，患难之方解，又不可复有所往也。如秦之并天下，而欲有所往，故筑长城，平百粤，而终不免于难。"秦始皇平定天下之后"欲有所往"，修筑长城，平定百粤，结果劳民伤财，致使阶级矛盾激化，加速了秦朝的覆灭。又如隋统一全国以后，"欲有所往"，好大喜功，发动了侵略高丽的不义之战，也就为自己掘了坟墓。因此天下初定时不能过于"有所往"，但也不能因此说"一无所往"是对的。像晋武帝平定东吴之后固然没有兴兵生事，"一无所往"，君臣相与"因循苟简，清谈废务"，全不思励精图治，眼睁睁地看着时弊日趋加剧，终于导致天下大乱。这样看来"有所往"和"无所往"是相辅相成的，"二者不可一偏"。这也就是吕祖谦在抗金问题上的基本态度。一方面，他不甘心"仇耻未复，版图未归"，偏安东南一隅的局面，希望南宋统治集团励精图治，要"有所往"。但是他又感到南宋当时"民力殚尽而邦本未定，法度具存而穿穴蠹蚀，实百弊具极之时"，尚不具备北伐中原、恢复失地的条件，因此不能"一切亟为"的"有所往"，而只能徐图行事。

吕祖谦对于当时南宋基本国情的估计和叶适的观点十分接近。叶适曾对孝宗说了他在抗金问题上的基本态度：既要挺起腰杆"绝使罢赂"，又不能"遽战"。如果不认真防务，即使不去进攻金兵，就是防御金兵进攻都"无以待之"。叶适主张要在有了充分的战争准备之后，才能与金兵交手，这和吕祖谦无疑是一致的。

如何"有所往"，从而创造北伐中原的条件？吕祖谦认为当世是"文治可观而武绩未振，名胜相望而干略未优，故虽昌炽盛大之时，此病已见"。因此，摆在南宋统治集团面前的当务之急是迅速扭转"武绩未振""干略未优"的局面。两宋时期一直存在着崇文轻武的偏弊，因而在对外战争中很少获胜。吕祖谦认为对于一个国家来说，"文事"与"武备"犹如人的左右臂，缺一不可。他在《史说》中列举了三国时代蜀主刘备的一段议论，意欲匡正宋代崇文轻武的时弊。文臣刘巴不愿和蜀中名将张飞睡在一起，说："大丈夫处世当交四海英雄，如何与兵子共语乎？"刘备听了以后很愤怒地说："天下之患，在于妄分清浊，如人之一身无手则不能执，无足则不能履，又何必爱手而恶足，自古文武则一道。"刘备认为以文为清、以武为浊是天下最大的祸害。文武之道对于国家来说犹如人的手足。"无手"不能拿东西，"无足"不能走路，二者缺一不可，也很难说谁比谁用途更大。人不会"爱手而恶足"，同样，国家也不能爱文而恶武。"文"与"武"是统一的。刘备的这一观点，很得吕祖谦的赞同。

尧舜时代，"公卿大夫"都是文能处理政事，武能冲锋陷阵，文武之道集于一身。就连孔子也"未尝以武士为粗"，亲自执刀抢剑。故吕祖谦指出不能视武艺为"末艺"，休暇之时"习射"，这"固是男子之事也"。这种议论，在当时的诸多理学家中是不多见的，因而这也是吕祖谦的见识高于一般理学家之处。

同时，吕祖谦对宋统治者削弱地方武装的做法提出了异议。宋太祖为了防止出现唐末五代以来的藩镇割据，有意削弱地方的镇兵（又叫厢兵），不断地把镇兵中的精锐选拔到中央禁兵之中，留在地方上的则不再训练，只服杂役。镇兵实际上已成为不能作战的役卒。这种兵制作为赵宋政权家法代代相传，虽然成功地防止了地方的藩镇割据，但也相对地削弱了地方武装防御外患的能力。对此，吕祖谦指出：由于镇兵完全丧失了战斗能力，所以连"边隅小警"也对付不了，出现了"将士迁延而却步，涣散解弛，不相系属"的混乱局面。以中央禁兵而言，也由于缺乏宋太祖时代那种良好而又严格的"教阅"，因而也是"甲兵朽、铁钺钝"，只会耗费军粮而不会打仗，在外患面前"莫能平殄""事功不竞"。为此，吕祖谦"日夕寒心""甚忧之"，迫切希望南宋统治集团对于"前代未备者"的武绩与干略"当激厉而振起"，以期尽早整兵北上，收复失地。

不过，吕祖谦并没把目光仅仅停留在此，他认为要雪"仇耻"，归"版图"，必须先要改革弊政。由于吕祖谦一生大部分时间是在官场上度过的，因而他比一般人更加清楚统治集团的黑暗内幕。他清醒地看到，在南宋统治集团内部，官员冗繁，但多是贪鄙无耻之"痛疽"，毫无政绩可言。他们只知谋取爵位，坐享俸禄，中饱私囊，关心自己的身家性命，而根本不考虑国家的日损月削之患。虽然其中也有几个"有意斯世"，想做一番事业的人，但又因志大才疏，"不审前后""不量彼己"而轻举妄动，"终无所是"。还有一些善于钻营的无耻之徒，为了谋取高位，享受重禄，故意慷慨陈词，貌似刚直干练之吏，但是"高爵重禄，一得所欲，畏缩求全，惟欲脱去，无复始来之慷慨"。而造成官场如此混乱腐败的根子则是南宋最高统治者。正因为这是一个极端腐败和无能的统治集团，所以面对金兵的侵略，才表现出那么的软弱无力。往往是一听到金兵的进攻就惊慌失措，无所适从；而一见金兵撤退，又立即歌舞升平，沉湎于酒色之中。

吕祖谦描绘当时的形势说，"仇耻未复，版图未归，风俗未正，国用未充，民力未厚，军政未核"，尖锐地指出南宋统治集团如再不进行"大经划、大黜陟、大因革"，而把主宰命运之权拱手交给强敌，那后果是不堪设想的。

吕祖谦认为"险难"是不可怕的，只要变法图强，就一定能"出于险"。相反，如果无所作为，安于现状，"坐视其弊"，就很难免于凶险。他还以气候与疾病的关系为喻，来说明这个问题："阴阳风雨晦明"这六种气候在一定程度上都是致疾的因素，但是只要自己饮食起居保持正常，让身体强壮，"六气"的变化就不能构成对人的威胁。如果自己生活无规律，不善于爱护身体而幻想除尽致疾的"阴阳风雨晦明"之"六气"，这就是最愚蠢不过的了。同样，治国也和养身一样。四邻的强敌都是本国的威胁，但是只要自己善于修明政治，加强军事设防，使国力强大，四邻强敌对你是无可奈何的。因此，"国之存亡，系于我之治乱"，而不在四邻之强敌。他还举例说：秦国在六国未灭之前怵惕自强，而在灭六国之后骄横奢侈，荒淫无道；隋朝在南北未统一之前政治修明，纪纲肃整，而南北统一后穷兵黩武，横征暴敛，因而"秦不亡于六国未灭之前而亡于六国之后"，隋也是这样。历史教训不正说明了亡国的祸根不在邻敌而在自身吗？因此，他提出，统治者要消除对强邻的一切幻想，依靠自己的力量立足于世上。

此外，吕祖谦还分析了南宋统治者的心理，认为南宋统治者把自己的命运交给敌人去主宰的卑劣行径是基于一种"安于弱"、安于"愚"的肮脏心理。针对这一心理，吕祖谦首先从理论上给予澄清。他论述道，虽然"大胜小，强胜弱，多胜寡，兵家之定论也"，但是强与弱、大与小、多与少又是相对的，是相比较而存在的，假如使自己从弱、小、少变为强、大、多，也就用不着去害怕敌人的强盛了。

他说："君子忧我之弱而不忧敌之强，忧我之愚而不忧敌之智，强者弱之对也。我苟不弱，则天下无强兵；智者愚之对也。我苟不愚，则天下无智术，后之为国者，终岁忧敌之强而未尝一日忧我之弱，终岁忧敌之智而未尝一日忧我之愚，使其移忧敌之心而自忧，则谁敢侮之哉。"

这是一段闪烁着军事辩证法思想光辉的精彩议论。吕祖谦认为敌我双方，一方强大则另一方就显得弱小，一方明智则另一方也就显得愚蠢，因此，不必担心敌人多么强大、多么明智，而应该担心自己的弱小和计谋欠周。如果自己自强不息，把主要精力放在扭转自己的"弱"和"愚"上，天下就没有"强"和"智"的敌人，至此，谁还敢来欺侮呢？

因此，吕祖谦认为要使国家强大起来，必须打掉安于"愚""弱"的自卑心理，树立远大的、明确的治国目标。

他认为天下的形势如不强盛就必然是衰弱，国家的治理如不前进就必然是倒退。因此，强国如果只是停止在原有"强"的水平上，就必定不能继续维持其强盛。同样，霸主如果想保住原有的"霸"，不前进就不能保住霸主的地位。这就好像骑上骏马奔驰在险峻的山坡上，中间是没有"驻足之地"的。对于"强""霸"来说，要想保其"强""霸"就要前进不止。更何况当时南宋小朝廷还根本算不上是"强""霸"，因此，就更应该布仁义、行教化、振纲纪，以使国势强盛。只有这样，才能雪"仇耻"，归"版图"。

由此可见，吕祖谦对待抗金的态度虽不那么鲜明，但他针对时弊所提出的一些主张，却不无可取之处，特别是寓抗金于改革之中的思想，更有其积极意义。

第3章

吕祖谦的哲学思想

南宋时期尖锐的阶级矛盾和突出的民族矛盾，正危及这个偏安的小朝廷的存在。为此，代表着地主阶级不同阶层的思想家各自提出他们对经济、政治的主张，同时在哲学理论上亦各建立自己的学派，有的提倡经世致用，有的主张论道经邦，因而在各学派之间就发生了激烈的论争。

这种情况，不但在永嘉、永康功利学派和理学对立阵营之间争论不已，而且在事功学派内部永嘉学派和永康学派的意见也不尽相同，彼此间或有微词。同样在理学营垒中，朱熹"理学"和陆九渊"心学"也是相互攻讦。在各学派竞长争高、互不相让的论争中，吕祖谦打出了杂色相间的旗帜，规定自己的学术任务是对各家"委曲调护""未尝倚一偏而主一说"，其目的在于对当时思想界争论不休的问题从理论的高度作总结性的探求，提供博大的理论基础。

如前所说，吕祖谦祖上自吕蒙正以来，就一直得到了赵宋政权的信任和重用，入相封侯，位崇禄厚。吕氏一门的荣辱盛衰与赵宋政权休戚相关。因此，面对封建统治秩序岌岌可危的南宋小朝廷，吕祖谦忧心如焚。他认为理学、心学、功利之学相互之间不要去争个是非短长。

吕祖谦本人学术思想的宗旨，不"尚奇"、不"尚胜"，不"尚新"、不"尚异"，而务求安、求是、求常、求达。在这种治学思想的指导下，吕祖谦对当时各家采取兼容并蓄的态度，企图为封建统治者提供万无一失的思想武器。

其次，吕祖谦"学无常师"的传统家风和中原文献之学的家学渊源，对他"泛观广接"当时各家学派的学风的形成不无影响。先从他与"理学"和"心学"的关系来看。由于他的祖上吕公著、吕希哲等人或被北宋道学所推崇，或本身就是道学中的人物，这就使得吕祖谦从小就接受了道学的熏陶。二程（程颢、程颐）是北宋道学的奠基人，二程的思想体系在总体上是一致的，但细微之处也还是有区别的。程颢常把"理"与"心"相提并论，即所谓"心广大无垠，万善皆备，欲传圣人之道，扩充此心耳"，很有"理""心"名异而实同之意。而程颐则很少有这样的论述。因而不少学者断定程颢实开南宋"心学"之先河，而程颐则成了南宋理学的宗主。程氏兄弟性格上也存在一定的差异，大程为人随和温然，小程则"激切""严重"。

从性格上来说，吕祖谦同程颢很相似，由此可见，他受程颢心学思想影响较深广。但是，由于天年不足，他还尚未来得及对"心学"进行系统的发挥，也没有完全把"心学"和"理学"熔铸于一炉，因而有时会出现前后不太一致的说法。然而无论是"心学"还是"理学"，两者之间不存在不可逾越的界限，因此，这就使吕祖谦面对朱熹"理学"和陆九渊"心学"，能以第三者的身份，持论平允，兼蓄"理""心"二说。

再看他与功利学派的关系。吕祖谦自幼受"中原文献之传"，在历史学方面有深厚的功底。他从历代王朝兴衰存亡的复杂现象中，隐约感到仅有性命义理之学不足以巩固封建统治，还必须讲一点"经世致用"的学问，这就使他能够和当世的功利学派有共同的语言。

吕祖谦也想调和陈亮功利之学与朱熹等人"性命义理"之学的矛盾。但是，讲究"功到成处便是有德"的事功之学，与以心为本的"心学"和以理为本的"理学"之间的内部矛盾性质是不同的，因而不仅吕祖谦为调和矛盾所作的种种努力是无效的，而且还使他自己的思想体系出现了前后矛盾的现象。

再次，吕祖谦一生出任的都是学官与史官，这就为他提供了和当时学术界广泛接触的机会。而他的良好士德又使他在学人中间有很好的人缘，学人愿意与之往来，保持学术友谊。在与很多不同学术观点的接触中，吕祖谦确实做到了"兼取其长"，但也确实因此冲淡了自己固有的理学色彩。因此，吕祖谦没有像与他同时代的朱熹、陆九渊、陈亮等人一样形成旗帜鲜明的学派，而只成了"杂博"而欠"要约"的吕学，就不是什么不可理解的事了。

兼容三家（理本、心本、气本）之说的杂博世界观

朱熹最高哲学范畴是"理"或"天理"。他所强调的是"理"或"天理"存在于心外，即封建等级制度以及与之相适应的道德伦理观点存在于主观意识之外，在天理面前人们必须绝对服从，不允许有丝毫的怀疑，而封建伦理观点的具备主要是通过外部的灌输。陆九渊则把"心"作为自己哲学的最高范畴。他强调"心即理"，也就是说"理"在心中，人们必须从自己的"心"（思想）上下功夫，不要受外部的干扰。吕祖谦则同时把"理"与"心"作为自己的最高哲学范畴，即主张"理"既在天上，又在"心"中。他对"理"

或"天理"的理解与朱熹并无二致。"理"是世界的本原，封建等级品名就是"理"，即所谓"礼者理也"。因此在"理"（封建等级制度）面前，必须循规蹈矩，而不能有半点违背。但这还不够，在南宋社会危机严重的情况下，还要求人们必须从思想上服从于封建主义的政权。这样，吕祖谦又把"理"或"天理"从天上移植到人们的心中，进而宣称"心即理"。换句话说，凡是符合封建等级品名的主观意识都是"天理"，因而不必到主观意识之外去寻求什么"理"或"天理"，只要在自己的主观意识上下功夫，从而把定了"心"（思想）对封建主义的信仰就行了。在这一点上，吕祖谦又和陆九渊完全一致。但是，吕祖谦在和永嘉学派与永康学派接触的过程中，又接受了他们关于"气"与"理"的观点。这一切使吕祖谦的世界观表现出"杂博"的特点。

吕祖谦和朱熹一样，继承了二程的天理观，把"理"或"天理"当作自己哲学思想的最高范畴。

首先，吕祖谦认为世界上其余的东西都是有始有终、有生有灭的，唯有"理常在"。天理与乾坤周流而不息是无始无终、无生无灭的永恒存在。而且，这个永恒的存在"理"或"天理"是一成不变的，也就是说"理"或"天理"是不能"损"或"增"的。任何私意的增损都会妨碍"理"或"天理"的纯洁和完整。

吕祖谦认为正是这无始终、无变化的"理",产生了天地万物,因此,天下的万事万物看起来千差万别,实际上都出于同一"纯全"的"天理"。他说:天下事有万不同,然以理观之,则未尝异,君子须当于异中而求同,则见天下之事未尝异。在此,吕祖谦直接继承和发挥了朱熹"理一分殊"的思想。而将此观点推广至社会领域,就得出以下结论:"夫礼者理也。理无物不备,故礼亦无时而不足。"吕祖谦认为"礼"就是"理"。"理"是"无物不备"的,因此,"礼"也是"无时而不足"的。在山有在山的理,在泽有在泽的理,贫贱有贫贱的理,富贵有富贵的理。虽然在现实社会中,每个人的社会地位和经济生活境遇相差悬殊,但都合乎"礼"的规定,因而也都是合乎"天理"的。

吕祖谦还进一步指出,"理"的范畴虽然极其广泛,但是其核心是封建等级品名——"惇典庸礼",脱离了封建等级品名的"理"是不存在的。他认为,"礼"和"理"合二为一,从而使封建等级制度上升为宇宙本体而变为永恒的存在,"秩然不可废"。在这一点上,吕祖谦和朱熹又是完全一致的。因为朱熹也常说:"宇宙之中,一理而已……其张之为三纲,其纪之为五常,盖皆此理之流行。"这表明吕祖谦和朱熹一样,都是在论证封建等级制度的合理性。

由此出发,吕祖谦认为"理"或"天理"既是自然界的最高原则，又是人类社会的最高原则。他说：人在城邑市井，虎狼居于山林薮泽，鱼龙安游于江海沮洳之中，这都是"天理"的规定，各得其所，相安无事。如果违反"天理"的原则，自行其是，人与虎狼、鱼龙不加区分地混居在一起，那会出现什么情景呢？鸥鹏是大的，蜩蛄是小的，灵龟长寿，蟪蛄短天，这也都是"天理"决定了的，是"自然定分"。唯其自然，才成为生动的世界。

自然界是如此，人类社会也是如此。他说："如天同一天；而日月星辰自了然不可乱，地同一地，而山川原隰自秩然不可乱，道同一道，而君臣父子自了然不可乱。"吕祖谦认为凡是事涉"天理"都是"自了然不可乱"的。人们必须严格地遵循"天理"的原则，而不能有任何违犯，即所谓天下事必须"循其天理，自然无妄"。因此，他要求人们"顺理而行"，实际上就是要求人们听从命运的安排。他曾说："大凡天下自有定分，不必用人安量。"若有人将"定分"稍作改变，就是"扰乱"了正理，这好像山下的草木，自生自灭，本十分安静，可是一为"风所鼓"，就摇晃不止，"以致蠹坏"。吕祖谦还将顺理而动的称为君子，反之则是小人。他认为小人们（劳动人民）不明"理"，千方百计地想改变自己的命运，这实在是"至难"之举，也是"不受命"的越轨表现。因为，在他看来，"命"是无法改易的。因此，吕祖谦认为任何对命运的抗争都是徒劳的，只有乐天安命，才是"达理"。

在此基础上，吕祖谦进一步提出了"天理感应"说。即是说，如果不循正理，"天理"就会"降之以灾"。很清楚，这种"天理感应"论实际上就是董仲舒的"天人感应"说的翻版。吕祖谦直言不讳地宣称："命者，正理也。禀于天而不可易者，所谓命也。"也就是说，"天命"就是"正理"，"循天理而行"就没有"覆亡之患"。吕祖谦用"天理感应"代替了"天人感应"，使"天命"天理化，又把"天理"归结为至高无上、不可抗拒的"天命"，从理论上，也沾染了天命论的色彩。

吕祖谦在把天理作为自己哲学最高范畴的同时，又把"心"抬到世界本原的地位。他提出了"气听命于心"和"以心御气"的观点。他说："气听命于心，圣贤也，心听命于气者，众人也。"这里，吕祖谦明确提出不仅人的主观精神"心"是驾驭和支配"气"的，而且"心"是囊括了整个宇宙——"天"的。"天"是不能离开"心"而独立存在的。吕祖谦还断言："人之心万物皆备，不见其外也，史，心史也，记，心记也。"在他看来，宇宙万物包括人类社会历史等都是"心"或"圣人之心"所派生的，因而天地万物及其变化也就依赖于人的主观意志而存在。因此，"一念之发"可以"流金铄石"，"奔电走霆"，而天象的变异，山川的鸣沸都只不过是"吾心之发见"而已。在这里，吕祖谦实际上是发挥了陆九渊"宇宙便是吾心，吾心即是宇宙"的观点。正是由此出发，吕祖谦提出"圣人之心"即"天心"的观点。这种"天人无间"的观点不仅是主观唯心主义的进一步发挥，而且由于把"圣人"的主观意志说成是神圣不可侵犯的天意，因此，其中显而易见地包含着以巩固封建专制为目的的政治内容。

吕祖谦的心学倾向还表现在他始终坚持"心即道"的观点。他说："心之与道，岂有彼此之可待乎？心外有道非心也，道外有心非道也。"在他看来，"心"与"道"是同一概念的东西，二者没有任何差异与界限。"心"就是"道"，"道"也就是"心"。如果说"心外有道"就不是真正的"心"，同样，如果说"道外有心"也就不是真正的"道"。他的这一观点和陆九渊所宣扬的"宇宙内事便是吾心内事"的观点是一致的。

吕祖谦的哲学思想虽然比较明显地偏重于心学，但是，他为了把朱熹、陆九渊两种本体论调和起来，又把"天理"与"人心"联系起来论述。他说："人言之发，即天理之发也，人心之悔即天意之悔也。"他的这种说法既不悖于朱熹的观点，因为朱熹认为"天理"既在天上，又存在于人心之中；也不悖于陆九渊的观点，因为陆九渊认为"心之体甚大，若能尽我之心，便与天同"。

吕祖谦认为"心"是永恒不变的，即所谓"此心不变"。正如陆九渊在一首诗中所说"斯人千古不磨心"，"心"与万物好比是镜子和镜中之花的关系。吕祖谦也是持同一观点的。他所说的"心"是"仁者之心"，也就是"道心"，这种"心"没有"私欲梏之"，因而"既公且一"，能够无所不照。这就像用镜子照万物，如果镜子表面光洁无尘垢，物的"妍"与"丑"都会清楚地反映在镜面上。因此，他又说：这里所说的"天下之理"也就是"心中之理"。他认为如果没有物欲蔽塞，便可"幽自物我，不见其间"。在他看来，尽管"私"像尘垢一样蒙蔽了心的光泽，但是却不能灭掉心，"仁者之心"是长存的。即使众人之心有"私"，只要抹去了"私"，"心"也能立现光泽。

吕祖谦认为"心"本来是善的，人们要爱惜保护本来就善的"心"，切不可戕害它。他认为"善心"具备了一切，只要保护"善端"，使"善心"恢复，人马上就能得到解脱。即使是罪恶滔天的人，只要"善心"一复，即端正封建主义思想意识，也马上就可以变成好人，摆脱罪恶的羁绊。吕祖谦这一观点实际上是受佛学禅宗的影响。

这个"天"具有神奇的力量，"天下之物，有置之不可见，动之不可御，殆非人力之所能为也，机之发于天者然也"。实际上，这个"天"就是"上帝"的别名。

吕祖谦的"心学"观点，毫无疑问是他哲学思想的组成部分。他也曾以"心学"为武器反对过传统的陈腐之见，批驳了史书所宣扬的神学迷信。吕祖谦对于古代的卜筮之说攻击最力。他认为卜筮迷信是由于"心疑""失之于心"的缘故而生出的一种思想不健全的表现。他还用"心学"的观点，反对对儒家经籍作支离破碎、牵强附会的解说。例如，他认为《诗经》出自民间，表达的是普通人的思想感情，这与陆九渊所说的"六经皆我注脚"的意思相似，客观上贬低了儒家经籍的绝对权威的地位。

还应该指出，吕祖谦以"理"与"心"为世界本原的观点，虽与永嘉学派和永康学派所主张的"盈宇宙者无非物"（陈亮语）的本体论对立，但是他在某些地方也接受了他们的观点。例如，在"理"与"气"的关系上，他曾说："然物得气之偏，故其理亦偏，人得气之全，故其理亦全。"他认为"理"之"偏"与"全"乃是由"气"来决定的。他还把人的生死也与"气"联系起来论述："两人同受病，然一人元气盛，其死必缓；一人元气弱，其死必速。"

中国古代"有对"论的新发展

吕祖谦的哲学体系包含了比较丰富的辩证法思想。他长期研究《周易》，颇有自己独特的见解。他既汲取了注释家们的"众说"之所长，又不落于前人的窠臼，"超然出于前人意虑之表"。通过治《易》和对自然现象的观察，他提出了不少朴素的辩证法的观点。尤其值得称道的是，他有感于当世赵宋政权军事上总是被动挨打的形势，潜心研究古代军事史。他在分析一些著名战例的过程中，提出了不少闪烁着军事辩证法异彩的观点，对中国古代辩证法的发展作出了一定的贡献。

吕祖谦认为"天下事必有对"，事物都是矛盾地存在着的。他说：盛与衰、强与弱、进与退、荣与辱、生病与治疗等都是相对立而存在的。而这些矛盾着的对立面又各自以对立面作为自己存在的前提。"是故隐显晦明，本无二理，隐之所藏，待显而露，晦之所蓄，得明而彰……显者，隐之影，明者，晦之响也。"这就是说隐与显、晦与明是矛盾的统一体，没有"隐"便没有"显"，没有"晦"便没有"明"，因此，"隐显晦明"是既矛盾又统一的现象。同样的道理，人固有智、愚、贤、不肖之分，但是智与愚、贤与不肖又都是相互依存的，失去了一方，另一方也就不存在了。"无贤者，则不肖不能独立，无智者则愚者不能独存。"

为了说明事物既矛盾又统一的道理，吕祖谦还从事物的"同"与"异"的角度进行论述。他说："盖同之中自有异，不必求其异……谓之同矣而未始不有辩，常人以同为同，殊不知刚柔相应，水火相济乃为同。"这里可以清楚地看出，他所说的"同"不是指没有任何差异的完全一模一样的相同，而是具有矛盾的同一的意思。基于这一思想，他对朱熹关于"太极图说"的解释提出了异议。朱熹认为"理"或"太极"是绝对抽象的"一"；吕祖谦则说："理一而已矣，理虽一，然有乾即有坤，未尝无对也，犹有形则有影，有声则有响，一而二，二而一者也。"这里所谓的"一"是指事物的对立面的统一，"二"是指事物对立的两个方面。吕祖谦明确地指出事物"一"与"二"的关系是不可分割的，它们是既对立又同一的，因而是"一而二，二而一者也"。这是吕祖谦高于朱熹之处。

吕祖谦认为矛盾着的事物不仅是相反的，也是"相治"的。他所谓"相反处乃是相治"，也就是通常所说的相反相成的意思。像水火，冰炭，险平这些事物是矛盾（"相反"）的，但同时又是"相治"的。如救火要用水，御冰寒须要火炭，治理险峻之地必须采取平整治理的方法。

吕祖谦还认为矛盾着的双方是在向着各自的对立面转化的。他继承和发挥了老子"祸兮福所倚，福兮祸所伏"的观点，说："盖易盈虚消长成败常相倚伏。"就是说"盈虚""消长""成败"不是固定不变，而是要相互转化的。根据这一道理，吕祖谦考察了一些社会现象和历史上的一些战例，指出事情开始时往往"无不如意"，实际上却是以今日之幸召他日之危。他举例说，一楚人向舟师学习操舟之术，未几，就能在风平浪静的小河中"投止所向，无不如意"，因而楚人"傲然自得"，以为自己已能"尽操舟之术"，可以不必再向舟师请教了。后来他到"有吞天浴日之涛，排山倒海之风"的海洋中去操舟，"乃彷徨四顾，胆落神泣，堕桨失柁，身膏鱼鳖之腹"。对此，吕祖谦指出："召今日之危者非前日之幸乎？"意思是说，由于楚人以前"小试于洲渚之间"的时候太顺利了，因而使他产生错觉，以为操舟之术不过如此，不但再也不肯下苦功钻研操舟之术，而且对汹涌澎湃的江海也掉以轻心，贸然地去"椎鼓径进，亟犯大险"，落得覆舟丧生的可悲下场。吕祖谦认为，如果楚人在小试操舟之术时遇到风涛之变，就会知难而悔，"终身不敢言舟楫矣"，当然也就不会"身膏鱼鳖之腹"了。操舟是这样，治国也是这样。前秦苻坚在丞相王猛刚死之时，老是担心自己单独处理国事会因疏忽而有所贻误，因而处处小心，兢兢业业，所以国势尚能保持旺盛。后来取得了西域大捷，符坚从此再也听不进别人的意见，一意孤行，刚愎自用，招致"淝水之辱"，丧师灭国。吕祖谦指出，假使王猛之后，符坚"其锋尝小挫，必不敢遂轻天下"，因此，也就不敢贸然南下取晋了。

吕祖谦还以历史上"楚人问鼎"的历史事件具体论证了"喜在今日而忧在他日"的道理。宣公三年，楚国见周朝德衰势穷，因而楚师"观兵于周郊，问九鼎之轻重"，大有进犯之意。由于周使者王孙满善于辞令，楚师为其"周德虽衰，天命未改，鼎之轻重未可问也"的话所动，放弃了原来的意图。这件事看上去是以"一夫而抗强敌，一言而排大难"，因而是难得的好事。但吕祖谦却认为这是"喜在今日，忧在他日"。因为王孙满以一言退却楚师，纯属偶然之幸，却造成周之君臣的投机苟且的心理。他们认为只要凭"三寸舌"就可以打退敌寇，从而丧失了危机感，结果秦兵出而亡周室。

综上所述，吕祖谦得出了一条闪烁着辩证法异彩的结论，并由此推论出看问题不仅要从事物"顺"的方面看，还要从事物"逆"的方面去考察。因为"天下之祸不生于逆而生于顺，剑盾戈戟未必能败乱，而金缯玉帛每足以灭人之国，霜雪霾雾未必能生疾，而声色畋游每足以殒人之躯"。

这是由于在逆境中人们能够"忧惕祗畏"，在顺境中则易使人忘乎所以。因此，在某种意义上，身处逆境并非坏事，就犹如"地之于车，莫仁于羊肠，而莫不仁于康衢；水之于舟，莫仁于瞿塘，而莫不仁于溪涧"一样。车行于羊肠小道，因其坎坷险峻，车夫不敢大意，船行于水湍流急之瞿塘，船夫则会全神贯注。这也就要求人们在顺境中"必以逆观"。吕祖谦指出，凡不懂逆观的人，是很危险的。尤其是作为国家的统治者，更应该居安思危，懂得"乱每基于治，危每基于安"的道理才行，否则必遭"灭国之祸"。他在分析秦穆公使秦国强盛起来的原因时写道，秦穆公使秦国"离危亡之门而得治安之基"，是由于他不以秦国自身暂无危难就放松警惕，而是冷静地"逆观"当时诸侯国之间的相互吞并，引起"戒惕"和"心警"，从而励精图治，变秦为强国。吕祖谦还举了楚国将军斗椒败于晋赵盾的故事，说明"逆观"的重要。他认为斗椒之所以败于赵盾，主要是因为斗椒过分骄傲自信，不善于"逆观"自身在军事上的弱点，终于招致失败。如果斗椒善于"逆观"，识破赵盾军事上的狡诈，其结果就将是另外一种情形了。应该承认，吕祖谦的"逆观法"闪耀着辩证法的光辉。

"日新"是自然界运动不息的普遍规律

吕祖谦注意到了事物是在有对之中运动发展着的，不是"一定不易"的。他坚持"日新"的观点，认为自然界"不息"的运动是普遍规律。他对《尚书》"始终惟一"的说法作出了自己的解释，指出"一定不易"的"一"是不存在的。因为"一之内自有新，新之内自有一"。矛盾的统一物总是在"日新"地运动变化着。因此，世界上一定不易的事物是不存在的。换句话说，任何事物都是在变化发展着的。"正如人之一身，自少至老，爪发皮肤未尝须臾不变。若说终身不变，则失其所以为身。"吕祖谦在谈到生死问题时还指出："死生乃常事。"因此，对于死生要泰然处之，不为所动，即既不要鼓缶而歌，也不要有"大耋之嗟"。因为人类是通过死与生的变化得到繁衍的，即所谓"前明将尽，后明将继"。同样，"天地所以无穷"，"以其聚散也"。由于事物不断地"聚"与"散"，这样就使天地变得生机盎然。

吕祖谦看到了事物的发展是生生不息的，并由此提出了"天下事向前则有功"的命题。他说："天下之事向前则有功。不向前，百年亦只如此。"但他没有停止于此，而是进一步提出了"常限"和"常量"的问题。他指出，事物在发展过程中，要注意保持适当的"常限"和"常量"，超过了"常限"和"常量"，往往会使事物向相反方向转化。

吕祖谦从"物极必反"的角度论证了这一道理。"穷"也就是"极"。事物发展到尽头就会"反"。这就是说物极必反是普遍现象。因此，在事物发展中要想不走向反面，就要注意保持适当平衡"中"。"天下事，惟得中可以无悔"，而超过了"中"，打破平衡，事物就要走向反面。如中午过后，太阳就要西斜，月圆之后就是亏缺了。因此，他一再强调"盈不可久也……知进而不知退，皆言亢之不可极"，"凡事不可过甚"，"过甚"也就是"过中"。他要人们注意与事物的极限保持一定的距离。他说的"常留一位在前"，也就是指与极限保持一定的距离。与极限保持一定距离就可以达到"不息"，即旺盛之势；否则就会发生"用刚太过必折"的毛病。就如一只强壮的山羊，自以为头角坚硬，便去狠撞篱笆，结果折断了头角。

因此，吕祖谦认为虽然从总体上看"天下事向前则有功"，也就是有所往的意思，但也不是任何时候都可以"向前"的。比如，古代历史上改朝换代之初，正是社会矛盾激烈冲突之后转入缓和的时候，乃是"解蔽之际，天下初平，必须用广大平易之道，与民安息"，以保证有一个暂时稳定的时期，而切不可盲目闯前。

吕祖谦不仅注意到在事物变化的过程中要有"常限"和"常量"，还谈到了"时"的问题，即事物对立面的转化要有一定的时机。他说："久速惟时，亦容有为之兆者，此最是伊川（**程颐**）会看易处，意在言外，学者须识时字。"他认为事物发展变化之"时"到来之前，必有预"兆"和"几"。而要"先见其几"，必须以事物相互转化的道理为依据。又如在"严霜暴雪"的隆冬能预测到惊雷之声，正是凭借"积阴泛寒之后而阳气发生之理"。由此，他认为：凡懂得"消长盈虚"之理，便可认识具体事物发展的起因和后果，"如神医用药于无形，不待其病已形而后救"。在此，吕祖谦表达了一个可贵的思想，万物的发展生生不息，但非神秘莫测，只要观察"时"（*机*）之前出现的预兆和"几"（*萌芽的动向*），就能把握事物发展的趋势。

存心力行的认识论

吕祖谦的认识论也和他的本体论一样，是"杂博"的。全祖望曾指出："宋乾淳以后，学派分而为之：朱学也，吕学也，陆学也。三家同时皆不甚合。朱学以格物致知，陆学以明心，吕祖谦则兼取其长。"并说三家"门庭径路虽别，要其归宿则一也"。全氏的这个说法是符合吕祖谦认识论的基本风格的。吕祖谦在认识论上综合陆氏"明心"论和朱熹的"穷理"说，同时也还注意汲取永嘉学派"道（理）在器（气）中"的观点，这样，他的认识论就显得"杂博"而自相矛盾。

由于吕祖谦在本体论上认为"天地万物一体"，坚持天地万物都是"吾心之发见"的观点，因而在认识论上就以"明心"为首要。又因为"心即理"，所以"明心"也就是"明理"。其方法就是"反求诸己"，或"反视内省"。他认为"圣人之心万物皆备，不见其外"，而"吾胸中自有圣人境界"，所以"明理"就不是向外界求得知识，而只能是求之于内心。

他说："人心所有之明哲，非自外来也。"与此同时，他还继承并发挥了孟子"良知良能"说，认为"凡人未尝无良知良能也。若能知所以养之，则此理自存"。这种不虑而知、不学而能的良知良能也就是他前面所说的"本心"。若能保养好先天固有的良知良能，使"本心"不失，也就足以使此理自存而不必向外求了。吕祖谦的这些观点和陆九渊所谓"自存本心"说如出一辙，完全一致。

但是，陆九渊主张"顿悟"而"豁然大觉"，吕祖谦则认为"明心"是一个"依次""涵蓄"的过程，不能"蹴等陵节"，否则就会"流于空虚"。他觉得像陆九渊那样在

"明心"问题上，单靠"顿悟"而"豁然大觉"太"简易"了。在这一点上，吕祖谦比较倾向于朱熹以"穷理"为本的"格物致知"的认识论。他认为，长期涵蓄可以使"吾心之全体无不明"。

吕祖谦认为为学不是一朝一夕之事，必须下功夫才行。他还指出"致知与求见"不同，"人能朝于斯，夕于斯，一旦豁然有见，却不是端得消散，须是下集义工夫，涵养体察，平稳妥帖，释然心解乃是"。他的这些说法和朱熹所说的"穷理者……非谓止穷得一理便到，但积累多后，自然豁然有悟处"的观点是一致的。所谓"释然心解""豁然有见"都是指通过"集义工夫"道德践履的结果。

由于吕祖谦不赞成陆九渊的"顿悟说"，因此，在对待朱熹和陆九渊因"教人之法"而引起的严重分歧问题上，他的态度实际上也就多少有点偏向朱熹。在鹅湖会上，当论及"教人之法"时，朱熹主张令人泛观广博而后归之约，陆九渊兄弟的意见则是发明人之本心而后使之博。朱熹认为陆九渊教人之法简而近禅，陆九渊则攻击朱熹教人"支离"，即所谓"支离事业竟浮沉"。双方弄得很不愉快，最后是不欢而散。虽然作为会议主持人的吕祖谦在会上并没有明确表态，但是从陆九渊对吕祖谦的评价"伯恭……竟为元晦所尼"来看，吕祖谦似乎是赞成朱熹意见的。吕祖谦认为学者治学应该"讲贯通绎",综合贯通,也就是泛观广博的意思。他认为这个认识方法是"百代为学通法",不可废除。至于学者因为泛观广博而"支离泛滥",这是由于他本人不善于掌握这种泛观广博的方法,"自是人病,非是法病"。如果因此而废除"讲贯通绎",那就犯了因噎废食的毛病。所以,吕祖谦认为陆九渊"但欠开阔"。吕祖谦在鹅湖之会后也曾积极帮助朱熹争取陆九渊的门徒信从朱学的格物致知说,而部分纠正陆九渊的"发明本心"过于简易的弊端。陆九渊之兄陆九龄就是在吕祖谦做了工作以后才转变立场信从朱熹的格物致知说的。

这里要指出的是,吕祖谦之所以不同意陆九渊的"教人之法",是唯恐士人学者取"顿悟"说而放弃践履工夫,流入空虚。对于陆九渊所说的"发明本心"和"反求诸己"的观点,他不仅无异议,而且认为其"坚实有力",不可废止。因此,他主张把格物致知和"反求诸己"的认识方法结合起来,这就是所谓"存养体察工夫"。这里所说的"存养"是"存心""养心",即要使内心无"窒碍"的意思。"体察"就是"应物涉事"的"体验",亦即朱熹"即物穷理"的意思。

然而,吕祖谦由于受永嘉学派和永康学派认识论的影响,在研究历史和现实的社会现象中,也提出了不少与上述思想相悖的观点。他认为认识必须以客观实际为标准。他举例说，一个人眼睛发生了毛病，"以青为红，以白为黑"，唯一的办法是把眼睛之疾治好，使之不发生误认，绝不是"改色以从目"，这就是说，当认识与客观实际发生矛盾时，要纠正主观认识服从客观实际，而不是相反。他提出，无论是以主观"私见"还是以众人之见作为判定是非的标准，都是不对的。

吕祖谦的这一观点和北宋张载的看法不一样。张载曾经以为"共闻共见"是真理，以"独闻独见"为谬误。吕祖谦不同意张载的这一说法，认为"众人纷纷之说"不一定就是真理，而个人的"独立"之见也不一定就是谬误，有时倒是正确的。吕祖谦的这一看法，称得上是精辟之见。

对于如何才能正确地认识事物的问题，吕祖谦也作了较为详尽的论述。首先，他认为对于事物要多接触，这样，就可以消除对它们的神秘感，进而可以理解它们。这就是说，世界上的事情"本无可怪"，人们之所以会迷信怪异的现象，就在于少见多怪，即所谓"耳目所不接者谓之怪"。因此，只要人们对事物多加考察，迷信怪异之说就不攻自破了。

其次，吕祖谦认为不能把人所不能理解的事和明白可见的事割裂开来。他指出，人产生疑神疑鬼的想法主要是由于"特未能合幽明而为一耳。犹阳之发见，阴之伏匿，阳明阴幽，常若不通，及二气和而为雨，则阳中有阴，阴中有阳，孰见其异哉"。"幽"与"明"就如同阳中有阴，阴中有阳一样，无"异"可言。

再次，吕祖谦认为认识事物、分析事物必须充分利用"众人聪明"，而不能"自任一己之聪明"。因为个人之智好比一滴水，一盏灯，只有汇集众人之智才能波澜壮阔，灯火通明。为此，他尖锐地批评了后世封建君主的"自任一己聪明以临下"的行为，指出"盖用众人聪明以临下，此乃人君之所宜也"。明确地提出了"闻街谈巷语，句句皆有可听，见舆台皂隶，人人皆有可取"的观点。在他看来，"舆台皂隶"，下层劳动人民并非天生愚昧，百姓的"街谈巷语"亦非粗鄙而毫无价值。尧舜之所以聪明，就在于他们处理问题不是师心自用，而是善于从街谈巷语中听取有价值的意见，于"舆台皂隶"中汲取智慧。以吕祖谦本人而言，对于老农的经验之谈是十分重视的。他在乾道七年正月二十八日的一首唱和诗中说："平生老农语，易置复难忘。麦黄要经雪，橘黄要经霜。"所谓"易置复难忘"，说明老农的格言深入浅出，富有感染力。这也反映了吕祖谦重视农民在生产实践中获得的实际经验。

吕祖谦还认为不仅对事物要加以"精察"，而且应善于认识自身。他看到了"以己观己"的自我认识是比较困难的，因为人们对于自己的缺陷不敢正视，但是站在客观的角度上"以人观己"，就比较容易看到自己的缺点了。不过，吕祖谦在这里提出的"以人观己"的方法是对普通人说的，对封建君主，则又有所不同。他认为：君主平时听到的大多数是阿谀迎合之词，因而很难从"左右前后"者的嘴中正确评定自己的优劣。唯一的办法是看社会的治乱。吕祖谦的这个方法算不上科学，但是他以实际的社会效果作为君主自我检验的标准，这在当时是很有积极意义的。

吕祖谦在认识论上还很重视名实相符的问题。他认为"名"必须真实地反映客观之"实"。他列举历史上一些欺世盗名者"无毫末之劳，而有丘山之誉"，最后以"虚名"招"实祸"的例子，来说明任何"虚名"假象在客观"真"实面前，都会暴露无遗。他在评论"白马非马"这一命题时说：没有白马时，"白马非马"之说可能还会迷惑一些人，可是一旦出现了真的白马，"白马非马"之说就不攻自破了。这里有以"实"验"名"的因素。吕祖谦还认为事物的内容是决定事物的性质的，而"名"或"言"应该反映客观之"实"。他指出，有时"小人"是能够说出冠冕堂皇的"君子之言"的，但是，终究掩饰不了其邪恶的本质。为什么"小人"尽管口吐"君子之言"，还是"见其邪而不见正"呢？吕祖谦认为："气可以夺言，而言不可以夺气也。故君子之学，治气而不治言。"由此可见，吕祖谦肯定"实"是决定"名"或"言"的。

吕祖谦在认识方法上还提出了把"致知"与"力行"统一起来的观点。他说："论致知则不可偏，论力行则进当有序，并味此两言，则无笼统零碎之病。"就是说认识事物不可片面，在认识实践活动中亦应循序渐进。"致知"与"力行"两者是统一的，"致知力行本交相发工夫，切不可偏"。"知"与"行"的关系犹如识路和走路，"知犹识路，行犹进步"。"知而不至则行必不力"，但知而不行，"知"也就没有实际意义而流入空虚。吕祖谦还认为任何人都不能未卜先知，只有通过"尽心"观察，才能获得实际知识。所谓"智者之略，不如愚者之详也"，是说聪明人如果对实际的东西不去"尽心"了解，也就不如"愚者"从实际考察中所得的收获大。吕祖谦的上述看法虽然与他在前面所主张的"内视反省，反求诸己"的先验论观点自相矛盾，无法统一，但又是他"务实"精神在认识论中的必然反映。

第 4 章

吕祖谦的伦理学说

　　理学的重要特点之一是给哲学涂抹了浓重的伦理色彩，使哲学变为伦理学，同时又使伦理学上升为哲学。因而在理学家那里，哲学和伦理学互为补充，互为发明。吕祖谦没有超脱这种理论窠臼，他的伦理学说是和他的世界观紧密地联系在一起的。他从天理观的角度，来论证伦理道德的永恒性和加强道德修养的必要性；把伦理移植于人的"性"与"心"中，以加强封建伦理道德对人们的约束力。他认为封建人伦纲常和宇宙本体"理"从本质上说是合二而一的。总的说来，吕祖谦的伦理学说和其他学说一样，也具有两重性。

性、心本善论的再阐述

吕祖谦的伦理学说是在其人性论的基础上展开的，他继承了孟子以来的性善说的观点。他首先虚构了"中正仁义之体"的"天地之性"。从"万物之一源"的观点出发，认为人之性就是"天之性"，所以人性也就是所谓"中正仁义之体"了。但是，仅仅这样还无法说明人何以有恶的问题。为了进一步说明善恶的来源，吕祖谦吸取了张载关于天地之性和气质之性的观点，在人性论上接受张载"气质之性"的理论。他说："性本善，但气质有偏，故才与性亦流而偏耳。"认为人性就其本源来说是善的，人之所以有恶，是由于禀受的"气质有偏"。只要矫揉气质之性，这种有偏的气质就会改变，就能恢复到"中正仁义之体"的"天地之性"。这就不仅说明人何以有恶的问题，并且为改恶从善的道德修养提供了理论依据。

在"性"与"心"的关系上，吕祖谦认为两者殊名同实，没有什么区别，即所谓"人心本虚且明，与性不殊"。他也把心区分为"道心"和"人心"，"人心私心也"；"道心善心也"。所谓"道心"，就是吕祖谦一贯强调的"本然之心"，即含有仁义礼智善端的"天地之心"，它是至善的。

和"道心"对立的是"人心"。"人心"是"私心"，它与前面所说的"气质之性"是同一东西，它是危立不安的。有时吕祖谦还把这种至善的"道心"称为"内心"，至恶的"人心"称为"外心"。他认为人之所以由善变恶，都是由于"外心日炽，内心日消"。他认为就人的"本心""内心"来说，它与仁义是浑然一体的，然而这种"本心""内心"在与外界接触交感过程中，容易被引诱"向外去，流而忘反"以至于使良心完全泯灭。为此，他在修养论上十分强调"存心""守初心"。在吕祖谦看来，只要能够"存心""守初心"，就能达到"与天地流行而不息"的精神境界。

吕祖谦说，人的"初心"犹如竹笋从石缝里迸发出来，在其刚刚产生之时，需要加以爱惜保护，不能使之"众恶陵铄"。只有小心地"遮覆养护"才有日后的"枝枝叶叶，渐渐条达"。在吕祖谦看来，"私心"是本心的大敌，也是一切罪恶之源，认为人有"千过万恶"，并不可怕，可怕的是"善心"不复；"善心一复"，"千过万恶"就会随之"消散披靡"。而要恢复"善心"，就必须克服"私心"。这就是说，只要消除了与在地之心隔绝的"私意"，人心就可以与"天地之心"合二而一，这样"善心"也就算是恢复了。吕祖谦还进一步认为，不仅要"复善心"，而且还要善于养护"善心"，使之扩而充之。他说："人之一心，其光明若能扩而充之，则光辉灿烂，亦日之明也。"

吕祖谦弘扬孟子的性善说，力图阐述道德应该如何成就，要人们相信自己有良心、本心，由此奋进不已。讲良心是中国文化的一个根本特征，吕祖谦非常重视自身的道德修养，指出"学者之患在于讳过而自足"，当"改过复善"，严于责己。

理欲义利观

理欲义利观的问题，其实质是道德和物质欲望、物质利益的关系问题。这是历来思想界争论的题目之一，宋代的争论尤为激烈，几乎所有的思想家都对理欲义利观发表了看法。理欲义利观也是吕祖谦的道德伦理观的主要框架之一，因此，必须对他的理欲义利观进行具体的剖析。

把"天理""人欲"作为一对道德范畴提出，始见于《礼记·乐记》。《礼记》的作者认为"人好恶无节"便会导致"灭天理而穷人欲"，这是一切祸乱的根源。因此，要杜绝祸乱，必须好恶有节，实行节欲、寡欲。

吕祖谦并不否认人的物质欲望，认为完全没有欲望的人是不存在的。他说："何人而无欲？"在这方面，圣人和众人是没有多大区别的，"君子之耳目口鼻所欲，与人无异也"。

像"布帛粟菽"就是"人人所需","泉货金贝"也是"人人欲用",即使君子也离不开这些必备的物质条件。一般说来,人活在世上,不但希望得到维持基本生活的物质资料,而且希望日子过得再好一些,即所谓"乐也、荣也、安也,人之所同嗜也"。吕祖谦公开宣称,"富贵车服"是值得重视的。如果符合于"义"的准则,便允许有"富贵车服",自然是很"光华"的事。但是,如果违背了"义"而"乘之"就不可以了。君子是不应该有超然物外之意的。吕祖谦的这些基本观点,实际上是对荀子以礼制欲观点的继承。

值得指出的是,吕祖谦并没有把"天理"和"人欲"对立起来。他认为"天理"和"人欲"是统一的,分不开的,是同一事物的两个侧面,所谓"同体异用"。他明确地提出:"天理在人欲中未尝须臾离也。"但是,他虽然承认人不能"无欲",却又认为"欲"是引起一切"争斗诉讼"的根源,认为自古到今,"变亲为疏、变恩为怨"都是因利而引起的。一只野兔或是一块失落在野外而无主的金子,都会引起人们的争夺追逐,而利愈厚,人们的竞争就愈激烈。因而"利欲"对人危害最大。"欲"是看不见的仇寇,因而人们对"欲之寇"往往掉以轻心,这就导致了它对人的危害"甚于兵革"。吕祖谦认为"礼"(或理)是守卫人的"城郭","守礼"就能将"欲"克服于无形之中。相反,如不能"守礼"，听任"欲"的膨胀、发展，就会碰到"陷阱""戈矛""虎豹"。因此，君子们总是"视欲如寇，视礼如城"的。

吕祖谦认为人们对于物质欲望的一味追求，就好似怕火而又引风于火或置薪火上，只会更加助长火势。可见他看出了人欲是很难克服的。他曾感叹道："天下之至克者，莫如己；大抵外物至坚，然有力者能克之，惟己之私欲，虽贲育之勇，克之犹难。"这就是说天下最难克服的就是自身的"私欲"。因为外物即使再坚硬，但只要有足够的力气就能制服，对于"私欲"却是有力无处使，即便是有贲育（**古代传说中的勇士**）的大力气，也难以克制。在如何克"己之私欲"的问题上，吕祖谦主张"宽而不迫"、因势利导的方法。他说：譬之治水，如果突然遏止急流，势必泛滥而不可收拾。"圣人"的"窒欲"的办法不是强行禁止"欲念"之兴起，而是用"义理"（礼）去疏导之，使之恢复善心（**天理**）。

吕祖谦对于以往历史上人欲横流的社会中，人欲膨胀的危害性作了较为深刻的揭露。他的"存理去欲"观点，也难免带有理学家说教的色彩，然而对于封建统治集团也具有一定的讽谏意义。他认为尽管谁都有"忿欲"（**恶性的私欲**），而"忿欲之兴局于无权无位而不得展，足将行而驻，手将举而敛"。无权无位的人，要想使其"忿欲"得逞是不太可能的，刚举步就要停下来，刚伸手就要敛住。可是，对于有权有位的人情况就不同了。"权位者，忿欲之资也"，权位易使"忿欲"恶性发展，甚至达到不可收拾的程度。

与理欲观紧密相连的是义利观。吕祖谦在义利观上继承了孔孟与董仲舒等人重义轻利的传统观点，但也有和叶适、陈亮等事功学派思想相通的地方。吕祖谦还十分赞赏董仲舒提出的"正谊（义）不谋利、明道不计功"的观点，说"此吾儒之本旨也"。但是，他又不赞成苏洵将"义利分两途"的说法，主张"利者，义之和也。老苏之说不合分利义为两途，盖义之和处，即是利也"。认为"义""利"是统一的。这个观点与陈亮、叶适等人的思想颇为接近。因此，吕祖谦在义利关系上的主张介于朱熹与永嘉事功学派之间。

以"孝"为伦理道德的根本

三纲五常是封建社会最重要，也是最基本的道德准则和法律准绳。由于它直接反映了封建等级制度的根本特征，因此，对于封建统治者来说，它犹如"布帛粟菽"，须臾离开不得。吕祖谦说，人类所以有今天，主要是靠"三纲五常"（"礼"）的"扶持"之力，因而它们是不可有半点"减弱"的，这就是他对于三纲五常的基本态度。

就"三纲"的重要性而言，吕祖谦认为三者是不分上下的。"父也，君也，夫也，并立为三纲，而世未有能轻重也。"但他着重论述的是与君纲、父纲相呼应的忠孝观。他说："君臣有大义，忠孝相持衡。"因此，凡是与忠孝相悖逆的人都要受到最严厉的惩罚。关于"五常"，吕祖谦着重论述的是其总名——"仁"和"礼"。他说："夫仁与礼通彻上下，自足以概括天下之理。"这就清楚地说明了他对"仁""礼"的重视。

封建社会中，自给自足的封建自然经济占统治地位。与这种经济结构相应的是封建家长制。父是一家之长，在家庭事务中具有最高的权力，子则处于从属地位；父对子拥有绝对的支配权，子必须无条件地服从父。顺从父的意思，就是"孝"；违背了就是"不孝"。"孝"是"父为子纲"在道德观念上的具体反映。

必须说明，"孝"并不是封建社会才有的，这是一个很古老的观念，最初不表现为阶级压迫之义。从现存的资料来看，早先的"孝"主要有这样几种含义：（一）慎终追远，表示对祖先神的敬仰和祈求。如《宗周钟》中"祖孝先王……降余多福余孝孙三寿惟利"的"孝"，义近祭祀。它的作用是通过对共同祖先或先王的祈求，调整氏族中人与人之间的关系。（二）对父母的赡养义务。随着家庭在社会中的独立性的增加，子女对父母财产的继承权得到肯定，"孝"作为对丧失劳动与生活能力的父母应尽赡养义务也就随之出现。如《尚书·酒诰》说："用孝养厥父母。"孟子说："不顾父母之养，一不孝也。"（三）对父母或长辈的顺从和尊敬。

在封建社会里，"孝"仍保留着上述的含义，但已不是一般意义上子女对父母的赡养和尊重，而是指父权对子女的统治与压迫，成为封建等级制度在家庭中的反映。忠、节、信、义都只不过是"孝"在君臣、夫妇、朋友、主仆关系上的运用和推广，因而"孝"又是一切封建伦理的基础。《孝经》明确指出："孝始于事亲，中于事君，终于立身。""孝为天之经，地之义，德之本，教之所由来。"对于《孝经》的这些基本观点，吕祖谦是完全赞同的，并把"孝"归为"仁之本"。

吕祖谦认为子女必须无条件地孝敬父母，并提出了具体要求。一是子女对父母必须时刻保持内心的孝敬而不能有半点"逆怠"，即使"父母不从吾谏，至怒，怒至于挞之流血，亦起敬起孝"。二是子女对父母的孝敬不能为"外物所移易"，既不能因为自己长大了而不孝敬父母，也不能因为自己官爵升迁了而怠慢父母，要始终如一地孝敬父母。

吕祖谦还进一步提出，人有了孝心，就可以保持中庸平和之气象。他说："大凡人子在父母前固有孝敬之心，父母不在前便有争心，惟养之熟，此心常在，故能不争丑类者。"尤其重要的是，有了"孝心"，扩而充之，就可以对君主保持忠心，即忠于封建统治。在家是孝子，为官就会是忠臣。这就是吕祖谦强调"事亲如事天""事亲事之本"的根本原因所在。

与内心保持对父母的孝敬相一致，吕祖谦提出侍奉父母的原则是"下气、怡色、柔声"六字。他认为要使父母高兴，就应该在态度上毕恭毕敬、和颜悦色。还说："慈以旨甘，虽有八珍之味，嗟来而与，则食之何甘，疏食菜羹，进之以礼，颜色和悦，则食之者自觉甘美，此所谓慈以旨甘。"人不是动物，除了衣食的需求，还需要精神上的慰藉。子女对父母、幼辈对长辈的恭顺与和颜悦色则是对老年人最大的精神安慰。在这个意义上，吕祖谦主张的子女对父母"颜色和悦"胜似"八珍之味"的观点，是有一定积极意义的。

一般说来，吕祖谦接受的是儒家关于"孝"的传统见解，但他也有和传统观点相异的地方。孔子曾说："三年无改于父之道，可谓孝矣。"孔子的本意是说，子必须完全继承"父之道"，不能有丝毫的改变，即使是谬误也要沿袭，这样才算得上"孝"。吕祖谦不赞成孔子的这种观点，认为子女对于"父之道"改与不改，要根据义理来决定。就是说，所谓"三年无改于父之道"，是指不忘父母，事死如事生之意，如果因为父死，而不改有害于义理的"父之道"，这是错误的。凡属"害理伤义"的"父之道"都要"汲汲改更"。显而易见，吕祖谦对"三年无改于父之道"的解释与孔子本意是大相径庭的，这已不是在"释经"，而是借释经以阐述自己的不同见解了。无怪乎有人指出："先生（**吕祖谦**）之释经，非释也，皆以其平日所学，而借经以发之也。故往往附经以起意，或离经以广意，而不必附隶乎疏经。"

孟子曾认为"父子之间不责善。责善则离，离则不详莫大焉"。吕祖谦在解释这段话时指出："父子之间不责善，非置之不问也，盖在乎滋长滋养其良心。"吕祖谦认为所谓"父子之间不责善"，绝对不意味着子女对父母的过失置之不问；恰恰相反，真正的孝子对于父母之过应该是"救正"于"无形"之地，否则，就是未尽人子之职。他指责那些后辈子女，"平时不以父母为心，见几不谏，到得过形见，方谏，又不能委曲和顺，忿戾刚狠"，致使父母发怒。吕祖谦认为这些人根本不是什么"孝子"，而是十足的"罪人"。这就实际上否定了孟子所说的"父子之间不责善"的观点。他主张规谏父母之过错，要"加敬"而不"惮劳"，不能因为父母不听谏就放弃子职，而是要更加"委曲和顺"，不使父母发怒，直至接受谏谕为止。应该说他的这些观点比起孟子的"父子之间不责善"要进步。

吕祖谦不仅与儒家关于"孝"的见解有相异之处，而且有时他还赋予"孝"以新的内容。比如，他曾对"孝"赋予"公"的意义。在评论颍考叔与子都争车时指出，颍考叔开始意气用事，与子都争车于王廷，险酿殴斗，毁伤"身体发肤"，这是不孝的。后来颍考叔随郑伯伐许，奋勇登城，虽然有可能流矢所中，毁伤"身体发肤"，但这是为公，应该算是"孝"的行为。这里说的"公"显然扩大了"孝"的内容。

"仁者天下之正理"说

以"仁义礼智信"为内容的"五常"，是封建道德最基本的范畴，而在"五常"中，"仁"又是最为重要的支点。它是"义""礼""智""信"的总名和基础，故而吕祖谦对"仁"的论述颇多。当然这不是说他对"义""礼""智""信"不重视。

"仁"是一个相当古老的道德范畴。不过在孔子以前，它似乎没有引起人们太多的注意。先秦时代，孔子最重视"仁"。一部《论语》，讲到"仁"的地方很多。据此有人曾认为孔学即仁学。

吕祖谦的"仁者，天下之正理"说多是承袭孔子。必须说明，孔子讲"仁"虽多，但从来没有赋予"仁"以明确的定义。和孔子一样，吕祖谦伦理思想中的"仁"亦呈现多义化的倾向。

首先，吕祖谦认为"仁"就是"理"。他说："仁者，天下之正理。是理，在我则习矣而著，行矣而察。"又说："夫仁与礼通彻上下，自足以概括天下之理。"在他看来，"仁"囊括了天下一切之理，是"理"的最集中表现，离开了"仁"，也就无所谓"理"。故而他说："天下之理，除了仁与礼，更有甚事？"只要时时依据"仁"的准则行事，就可以准确地把握"理"，并使"理"在自己身上得到充分的体现。

吕祖谦完全接受"立人之道曰仁与义"的传统见解，并在此基础上规定"仁"为人的本质属性之一。他说："仁是人之本心。"认为"仁"是作为一个人的最重要的依据。如果人而无仁，就和禽兽没有什么区别了。他说："人之异于禽兽者几希，非行仁义也？孟子之意，盖谓人之初生，饥食渴饮，趋利避害，与禽兽争得不多，盖人之所以为人者，只是争这些子。人既只有这些子，庶人却去之，便是与禽兽争不多了。惟君子能存之，学者最当看几希二字。"意思是说：作为自然界的生物之一，人和禽兽有许多相同之处。如饥而食，渴而饮，见利而趋，见害而避，从这个意义上说，人和禽兽的区别是不大的。但是，由于人有"仁义"而禽兽缺乏"仁义"，二者就产生了本质的区别。然而有些人不懂得这个道理，将人最宝贵的东西——"仁义"轻易地丢掉了，结果也就和禽兽无所区别。而君子们则不同，总是小心翼翼地保存着"仁义"。

吕祖谦认为"仁"是一切社会道德的核心。其他的一切道德都是从这里推及出去的。"仁者，人也"，这是孟子首先提出来的命题。吕祖谦同意此说，认为"仁"体现了人的道德属性的最本质特征，只要真正理解了"仁"，就可以推知"义、礼、智、信"，以及"恭、宽、信、敏、惠""刚毅"这些道德的要义。故而在所有的社会道德中，"仁"是最重要的了。

吕祖谦还专门论述了"仁"与"忠""孝"的关系：

（一）"仁"与"忠"。吕祖谦认为"仁"蕴含着"忠"。他说："忠之一字，非仁礼之外别有一忠也。盖尽己之为忠，仁与礼稍有不尽，则非忠也矣。自忠而反，到此已自无不尽。"他的意思是说"忠"寓于"仁"。世界上不存在什么游离于"仁"之外的"忠"。只要尽"仁"，"忠"亦在其中了。而对"仁"稍有不尽，即非"忠"。反过来，"自忠而反"，亦可以尽"仁"。因此"仁"与"忠"是互相启发、阐明的。

（二）"仁"与"孝"。吕祖谦认为"仁"的内涵要比"孝"大。他不同意将"仁"与"孝"等量齐观。但"孝悌"又是"仁"的主要组成部分。要实现"仁"则必须从"孝悌"做起。他说："然孝悌所以为仁也。体爱亲敬长之心存主而扩充之，仁其可知矣。仁之实，事亲也。只如此说，于己不相干。须实就事亲上看，则方真知此是仁之实。"

因为"孝悌"是构成"仁"的主要内容，所以只要不断地扩充事亲尽孝之心，也就可以切实把握"仁"的精髓了。

吕祖谦指出，对于每个人来说，是否具备"仁"，绝不是一件可有可无的事。他认为：

有了仁，就可以远离"恶"的根源，邪恶的念头就不会萌生。因为从本质上看，"仁"与"恶"是对立的。"苟志于仁矣，无恶也。仁中著不得恶字。盖一志于仁，自著不得恶念。"

有了仁，物质生活无论是富裕还是贫穷，社会地位无论是高贵还是卑微，其精神状态总是充实的，可以身心愉快。他说："仁者可以久处约，可以长处乐，盖无非此理而已。所遇有约乐之异，而心则一也。颜子在陋巷之心即尧舜垂衣裳而治天下之心也。"这就是说，从社会地位和物质生活条件看，颜渊和尧舜是有很大区别的，前者是布衣，后者是君主，前者住的是陋巷简室，后者住的是华屋高堂，但因为他们都是仁者，故而此心是相通的，其欢愉程度无异。

有了仁，就可以掌握臧否好恶的标准。"仁者能好人能恶人，人而未仁，其好恶皆私心也。非特以同异为是非，亦且随旦莫（暮）而迁变矣，乌能好恶人哉。"吕祖谦认为当人还不具备"仁"德之时，其好恶的标准完全是从一己之私念出发，很难做到持论公正平允。这就难免要党同伐异，而且还会因自己的私利需要，而随时变化标准，故而"乌能好恶人哉"！至于具备了仁德的人，在其臧善否恶的过程中，则毫无私心杂念，完全从义理出发，对人对事持论平允公正，所以"能好人，能恶人"。

有了仁，就会和社会等级名分及典章制度融为一体。他说："人而不仁，如礼何？人而不仁，如乐何？……否则礼乐虽未尝废于天下，而我无是理，则与礼乐判然二物耳。"认为具备了"仁"就会领悟到"礼""乐"之真谛，否则即使有"礼""乐"，自己也会漠然对待，形成我是我，礼乐是礼乐的局面。

有了仁，就会对别人充满爱。因为"仁"是"爱"的根源。"仁者，爱之原。"而"爱"则是"仁"的发现。"爱者，仁之发。仁者爱之理，体用未尝相离，而未尝相侵。""以博爱之，谓仁。"

怎样才能达到"仁"的境界呢？吕祖谦认为"仁"与"不仁"，犹如冰炭不同器，水火不相容。欲"仁"则必须"恶不仁"，使"不仁者不加乎其身"。他还认为"仁"为人之天性，只是在与外物接触时，有所流失，只要平时注意在君臣、父子、夫妇等人伦关系中认真体察即可。这就是说当人们排除了一切与社会等级名分相冲突的思想意识而注意重视主观道德的涵养时，即可达到"内外一体"的"仁"之境界，从而所有的社会道德观念都可在内心生根发芽。

第 5 章

吕祖谦关于人生观问题的论述

人生观是对人生的目的、意义、价值等根本问题的看法。一定的人生观总是从属于一定的世界观。吕祖谦的人生观受其理学思想所支配，其核心是要求人们在生活的各个方面，都要严格遵循封建主义的义理"规行矩步"。他说："凡人规行矩步，自然无失。若进退无常，岂能无咎？"这里的"常"，指的就是封建主义的原则。

吕祖谦关于"人生观"问题的论述没有超出一般理学家的窠臼，显得有些迂腐沉闷。然而在具体论述的过程中，却也提出了若干值得重视的意见。

关于理想人格

理想人格的问题，实质是关于人的最高价值的问题。由于人生观不同，不同的人有着不同的理想人格。吕祖谦的理想人格是"圣人"。也就是说只有像"圣人"那样度过自己的一生，才算实现了自己的最大价值。

以"圣人"为人生追求的最高价值

"圣人"原是先秦儒家的理想人格。如孟子所说："圣人，人伦之至也。"荀子亦说："圣也者，尽伦者也。"

以儒为宗的吕祖谦，在理想人格的问题上所继承的亦是先秦儒家的传统观点。他明确宣称："人之为人，非圣人莫能尽。"认为作为一个人，只有达到圣人的境界，才真正领悟了人生的真谛，无愧于"做一个人"。

应该指出，吕祖谦的理想人格虽然和先秦儒家的理想人格有着渊源，但是两者的差异却是很明显的。先秦儒家的理想人格不仅要求主观道德的完美，而且还必须造福社会、恩泽于民，具盖世之伟绩，即人们通常所说的"内圣外王"。

在吕祖谦这里，其理想人格所强调的只是主观道德的完整"内圣"，而对"外王"则很少论及，甚至故意回避。如他认为"己博施于民而能济众"。这是已经成为"圣人"者之"功用"，它不属于一般人对理想人格追求的内容，即"非学者切近之问"。就常人言之，只要"己欲立而立人，己欲达而达人"，能够推己及人就可以了。这明显流露了重视"内圣"、忽视"外王"的倾向。

关于圣人，吕祖谦论述颇丰，散见于他的著作。在他的心目中，"圣人"既为世界上道德高尚完美（与天同德）之人，同时又具有通天彻地的本领。能将万物备于一身，可以"通天下之声为一声""通天下之气为一气"。

十分明显，吕祖谦这里所说的"圣人"是古代政治需要和伦理标准塑造出来的偶像，根本不存在于现实生活中。然而吕祖谦却固执地认为历史上存在过的尧、舜、禹、皋陶、稷契、文王、周公、孔子等就是这种"道备德全"、经天纬地的"圣人"。这实际上是将封建统治阶级心目中的"圣人"作为人的楷模，要求人们信奉仿效，其政治意义是不言而明的。

吕祖谦认为"人须当作一个人"，就是要毫无条件地"以圣人为准的，步步踏实"。他指出以什么样的人为人生之楷模，这是每个追求其理想人格者首先要妥善解决的问题，必须引起高度重视，绝不能等闲视之。

吕祖谦认为人的本性是相同的，既然如此，为什么在实际生活中却有善人与恶人的分别呢？他认为这是每个人平时所追随仿效对象的不同造成的。例如，在尧的时代，舜、禹当然也包括尧在内，他们是善人之宗主。共工、鲧则是恶人的首领。

以舜、禹为自己人生之"准的"，追随其后者，最终必然归宿于善人。相反，如追随共、鲧的为人，处处以他们为生活之准则，其结局注定要沦为恶人。因此，人们必须时时处处"随上"不"随下"，努力使自己的人格"一步高一步"。以人之善恶正邪完全取决于各人平时追随的对象，这是环境决定论，有忽视人的内在因素的倾向，但其中亦有若干合理的成分，因为在人的成长过程中，榜样的力量毕竟是不能低估的，所谓近朱者赤，近墨者黑。

从"人之性本同"的逻辑引申开去，不难得出这样一个结论：圣人能够做的事情，常人也一定能够做到；圣人可以达到的道德境界，自己也一定会达到。吕祖谦正是持这种观点。

吕祖谦将世界上数以万计、种类繁多的事情分为"当为"和"不当为"两大类。人们应该从事"当为"之事，而不应该从事"不当为"之事。而做"当为"之事就如同饿了要吃饭，渴了要饮水一样平常，并不值得夸耀于人，更不能因此而"骄矜"；至于做"不当为"之事就应该感到羞愧恐惧不已。吕祖谦认为从表面上看，圣人的品德、业绩、学问为常人难以企及，但实际上圣人们之所以最终成为圣人，并没有什么特别之处，关键就在于他们始终坚持做"当为"之事而不"骄矜"，故而其德行、业绩、学问才能彪炳于天地之间。而众人之所以没有圣人的道德高尚、业绩辉煌、学问广博，那是因为做了一点"当为"之事，就骄矜不止，做了"不当为"之事也不"愧惧之不暇"。这也就是说，只要始终坚持为"当为"，不为"不当为"，总有一天会跻身于圣人之阶，成为尧、舜、禹、汤式的人物。吕祖谦的这一观点，应视为对孟子"人皆可以为尧舜"命题的继承与发挥。

早在先秦时期，孔子就提出了"为仁由己，而由人乎哉"的著名论断，认为成就仁德，完成自己的人格升华，关键在于自己的主观努力。只要有意于仁，并能在生活实践中以"仁"为行动准则，则一定能达到仁的境界，所谓"仁远乎哉？我欲仁，斯仁至矣"。很明显，吕祖谦是赞同孔子这些观点的。在他看来，世界上没有什么力量（前无御者）阻碍自己从善，也没有什么力量（后无挽者）劝阻自己作恶。想成为圣人的终究与圣人为伍，想成为狂者也只能与狂者同列。毫无疑问，吕祖谦的思想是与孔子"仁远乎哉？我欲仁，斯仁至矣"的说法一脉相承的。他们强调的是人的主观努力和内在素质，这就使其"一步随舜、禹，则为善人之归，一步随共工、鲧，则为恶人之党"的命题得到了充实和完善，成为中国古代思想宝库的可贵遗产。

成就理想人格的"致圣之方"

吕祖谦在提出"以圣人为准"的人生目标的同时，还设计了若干到达"圣人"理想人格境界的方案。

人和动物不同，是有其独立意志的，孔子说得好："三军可夺帅，匹夫不可夺志也。"这里高度肯定了人的独立意志具有坚不可摧的力量。和孔子一样，吕祖谦充分认识到独立意志对于成就理想人格的重要性，指出要实现自身的最大价值，就必须保持自己的远大志向，"以立志为先"。孟子曾说："舜，人也，我，亦人也。舜为法于天下，可传于后世，我由未免于为乡人也，是则可忧也。忧之如何，如舜而已矣。"对于孟子这一说法，吕祖谦大为赞叹，一再要求其门人由此领悟孟子的宏大抱负。

吕祖谦认为孟子"立志之广大处"，就在于他不因为舜绝顶聪明，"岂易及"而自暴自弃，坚持舜是人，我也是人，舜能做到的，我也一定能够做到的信念，以自己目前尚未达到舜的境界为忧，立志要成为和舜一样的人。吕祖谦指出，现在有些学者一见到有比自己高明几分的人，便自甘其下，更不要说以舜自期了。这不仅是立志不广、抱负不大的表现，而且也是自暴自弃的流露。吕祖谦以为只要像孟子那样，始终以圣人的标准激励自己，天下就没有自己"不可为之事"，也就没有自己到达不了的境界。他所说的"立志之广大"，也就是以"圣人"自期自律，这是与他的"以圣人为准"的人生最高目标高度契合的。

孔子曾认为凡欲成就"圣""仁"的理想人格，完成自己道德升华者，都必须时时以他人为念，处处以仁德自绳。他说："士不可不弘毅。任重而道远。仁以为己任，不亦重乎？死而后已，不亦远乎？"吕祖谦继承了孔子这一思想，并且进一步论述了"弘"与"毅"之间的关系。"弘"，心胸宽广之谓也。备此，就有容人之雅量，在处理人际关系中，则不会强悍粗暴（**发强**）。"毅"，刚正不阿，坚韧不拔也。备此，就不会因为客观环境险恶而降低对自己道德完整的要求，也不会对以圣人自期的理想人格的追求半途而废。吕祖谦认为"弘"与"毅"是相辅相成的两个方面，它们既有区别又有联系，各有其特定的内涵。但不能将"弘"与"毅"人为地对立起来，"作两事看"。唯有既"弘"且"毅"者，才有成圣之望。

吕祖谦提出了"小大成就皆是患难中得"的命题。他说：草木必须经受得起雪与霜的摧残，才能显示出旺盛的生命力，金子只有经受千锤百炼，方能更加精纯。同样的道理，人也只有饱尝忧患，历经艰难，才能掌握驾驭人生的本领，培养起崇高的人格。以舜与百里奚而论，两人的功业固然有大、小之分，学问有醇疵之别，但有一点是相同的：他们之所以有所成就，就是经受了忧患艰难的考验。因此，人生经受一些忧患艰难未尝不是好事，从某种程度上说忧患艰难确实是陶冶高尚情操、增进聪明才智的熔炉。相反，一个人安逸舒适惯了，就很难承受得起生活的考验，一碰到意外的阻碍就会畏缩不前。吕祖谦的这一理论亦近似于老生常谈，毫无新鲜之感，但又恰恰是人生自我完善的经验之谈。吕祖谦还指出：一般地说，在"和缓之时"（和平的社会环境中），坚持高尚的节操和自己的信仰是比较容易做到的，然而在险恶的社会环境中，面临生与死的考验，要始终如一地"不变其所守者"，就不易做到了。因此，我们认为尽管吕祖谦所说的"圣人"有其特定的内容，然而就这一理论的本身而言，则具有一般的意义。

生活中常常有这样一些人，他们可以在"流矢在前、白刀在后"的环境安之若素，对于骤然而至的忧患艰难泰然处之，但是却不能忍受长期艰苦生活的折磨，吃不得粗茶淡饭，住不惯简室陋居。因为咬不得菜根，羡慕物质享受而"变其所守"，甚至背叛自己生活信念的人，在历史上屡见不鲜，即使在今天亦不乏其人。孔子说得对："志于道而耻恶衣恶食者，未足议也。"吕祖谦和孔子持同样的观点。

吕祖谦认为仅仅是主观上想做一个志向恢宏、道德高尚的仁人志士，而不能安贫守苦，"耻恶衣恶食""愧屋漏"，则注定是不会成功的。他指出，真正的仁人志士，不但在口头上"不耻恶衣恶食""不愧屋漏"，而且要从心底里认为，为坚持崇高的人格和远大抱负而在大庭广众面前"恶衣恶食"并不可耻，居所简陋并不羞愧。唯如此，才有望进入圣人的殿堂。

人生价值的大小，不是取决于索取之多寡，而决定于奉献之多少。尤其对于那些有志于成就理想人格和坚持独立意志的人来说，物质生活的艰苦，实在算不得什么了不起的大事，只要精神生活充实，保证自己的人格和意志不受玷污，亦未尝不是人生之一大乐趣。孔子曾说过这样两段话：（一）"饭疏食饮水，曲肱而枕之，乐亦在其中。"（二）"一箪食，一瓢饮，在陋巷，人不堪其忧，回也不改其乐。"这就是被宋代理学家津津乐道的"孔颜之乐"的源头。而"寻孔颜之乐"则又成为众多理学家的一大乐趣。程颢、程颐兄弟年轻时，受父命求学于周敦颐。"敦颐每令寻孔、颜乐处，所乐何事。"程颐十八岁那年游太学，当时主持太学的宋初三先生之一胡瑗亦曾以"颜子所好何学"为题课之。程颢经过一番"寻"之后，亦得出了这样一条结论："箪、瓢、陋巷非可乐，盖自有其乐耳。'其'字当玩味，自有深意。"认为孔、颜不是将穷看作乐，而是说虽然穷还"自有其乐"。孔、颜之乐从何而来，为何而乐，这个问题成了宋代理学家乐此不疲的大课题。

沿着程颢的思路，吕祖谦对孔、颜之乐又作了进一步的研究。他认为对权势恩宠的思慕、对文章华丽的追求、对声色犬马的沉湎、对畋猎游玩的嗜好，这是"陋人之所乐"，显然不是孔、颜之乐。而追求道德的完整、实现自身的最大价值，这才是孔、颜之乐。无疑，这也是吕祖谦之乐。吕祖谦认为对荣华富贵毫不动心，始终坚持自己的生活信仰，这种人是"天下之实德君子"，当然也是吕祖谦孜孜以求的人生目标。

在现实社会中，每个人的命运是各不相同的。是向不公正的命运抗争呢，还是屈从乖蹇之命？在这个问题上，吕祖谦和众多理学家一样，其基本观点是赞同后者，反对前者。他认为，人与人的命运大不相同，这都是天的安排。不同的命运体现的是同一天理。真正的仁人君子不是在改变自身命运的基础上成就自己的理想人格，实现自己的远大抱负，而是在服从命运的前提下，增进自己的道德修养。上述这类历史人物都是吕祖谦心目中的"圣人"。他们都曾一度受到了不公正的待遇，可谓命运乖蹇。但是他们对这一切的态度是

"乐天知命，安常处顺"，既不忧愁悲伤，也不惊慌恐惧，终于使自己成为"圣人"。其言下之意就是凡是有志于成为圣人者，也应该像成汤、文王、孔、孟一样"乐天知命，安常处顺"。

由此，吕祖谦着重论述了"致命"与"遂志"的关系。在封建社会中，绝大多数人是处于穷困之地，命运乖蹇，而其中却不乏壮怀激烈、怀鸿鹄之志者。对于他们来说，要了遂自己的远大抱负，做出一番轰轰烈烈的事业，只能有一个选择，即勇敢地向命运抗争。在改变命运的同时，建立盖世功勋，实现造福社会、恩泽于民的恢宏之志。但是，吕祖谦断然否定了这一选择。他要求人们听任命运的摆布，对于乖蹇之命逆来顺受，以完成自己的道德修养，从而捞一个仁人君子的虚名声。为此，他喋喋不休地说，无论是富贵之命，还是穷困之命，都是不可违背的。而以改变自己命运为手段而"遂其志"者，其志绝不是什么恢宏远大之志，也绝不是正人君子之所为。他认为从根本上说，"命"与"志"是不矛盾的，两者是一回事。"致命"就是"遂志"，"遂志"亦即"致命"。他不同意"有其志而无其命""其志每为命之所妨"的说法，指出这乃是"分命与志为两事"，是不"知命"的表现，当在纠正克服之列。在他看来，人处富贵之地，"致命"比较容易，成其所欲并无多大的困难，"遂志者"居多。但正因为他们"致命遂志"容易，也就无暇进一步深思"致命遂志"的内在联系。从某种意义上说，富贵者"致命遂志"只是一种偶然的巧合，并不能真正领悟其中之真谛。

与之相反，处穷困之地、命运不济者，要"致命"是不易的，而其所欲者多半不能成功，"遂志"就更难。在他们那里，"致命"与"遂志"往往是很矛盾的，难以统一。然而唯有处于穷困之地、命运不济者因其努力"致命"而最终"遂志"，才会真正掌握"致命遂志"的要诀。诚然，作为志向远大、道德高尚的仁人志士，确实不能因为命运不公而"变其所守"，辱没自己的人格，背叛自己的信仰和意志，而要做到泰山压顶不弯腰，愈穷困志愈坚。所谓沧海横流，方显英雄本色。但是，吕祖谦所强调的重点显然不在这里。他所要说明的是希望处于穷困悲惨境遇中的人们，听任不公正命运的主宰。果真如斯说，处于穷困之地而怀有凌云壮志的人是永远不可能"遂志"的，因而所谓"乐天知命""致命遂志"理论的消极因素是极为明显的。

要想成为封建主义的圣人，自然要站稳封建主义立场，时时处处以封建道德规范约束自己的思想行为，这应该是不言而喻的。孔子曾说："夫仁者，己欲立而立人，己欲达而达人，能近取譬，可谓仁之方也矣。"意思是说作为仁者应该设身处地地多为别人着想，不能只顾自己，而要考虑到他人的利益。"己欲立"也要"立人"，"己欲达"也要"达人"，这就是为仁之声。吕祖谦在诠释孔子这段话时，作了重大修改。他的意思是，无论是"己欲立""己欲达"，还是"立人""达人"，都必须符合封建主义的"道理"，才能"立得达得"。如果不合封建"道理"，而只是"私意欲立欲达"，律己则是"自恕"，待人则是"恕人"，而最终进入"姑息委靡"之邪途，也就立不得，达不得了。按着他的意思，所谓"当先立其根本""进德修业"之"所居"，也就是封建主义的立场。吕祖谦认为在这个问题上必须一丝不苟，稍不坚定，就会形成"抽身不得"的尴尬局面。

由此，吕祖谦提出了"守正"说。这里说的"正"，也就是前面说的"合道理"。他的看法是，凡是符合封建"道理"的就是"正""是"；反之则是"邪""非"。如果说打猎要到"广泽大山"才有所得的话，那么人们也只有坚持封建主义立场，使自己的思想行为须臾不"离于正"，才有可能有所作为。这犹如日月只有高悬于天空，才能大发光明；草木百谷只有扎根于大地才能生长一样。否则，即使有通天彻地之能，终生劳碌，非但"终无所得"，而且天地之大，竟无容身之所。

孔子认为，要成为仁人君子，必须"见贤思齐焉，见不贤而内省也"。意思是说看到人格高尚、品行端正、才能出众的人,要向他学习看齐。而见到人格低下、品行不端的则要反省自己是否也有类似之处。吕祖谦继承和发挥了孔子这一思想。首先,他将社会上的人分为"贤"与"不贤"两大类,所谓"天下之人,不过两等:曰贤与不贤"。接着,吕祖谦分析了对"贤者"存在着三种不正确的态度:一是"闭隔漠然不知",二是"嫉忌之",三是不过口头上"称赞之而已"。认为"闭隔漠然不知"与"嫉忌之"固然不对,即使口头上"称赞之而已"也是"无益于己",对于增进自己的道德修养没有什么帮助。唯一正确的态度是"见贤思齐"。颜渊因仰慕舜之为人,而以成为舜一样的人自期自律。吕祖谦认为这就是"见贤思齐"的典范。凡是有志于跻身"圣人"之列的人,都必须取颜子的做法,直到自己与贤者"一般",才算是真正做到了"见贤思齐"。如果有"一分不如",便不能说是"齐"。至于"学得两三分",即自满自足,那更是"与无志一般","固不足道"。尔后,吕祖谦又指出对待"不贤",也存在着两种错误倾向:"世之见不贤者,其下者流而与之俱,其上者则绝而远之。"他认为,"见不贤"而甘心与之同流合污固然是错误的;而一见"不贤"就"绝而远之",虽然要比"流而与之俱"者高明些,但毕竟不是很高明的,因为没有联系自己,做更深层的思考。用吕祖谦自己的话说就是"未是切己"。因此，"见不贤"必须"怵然自省"才是。

世界上不犯错误的人是没有的，即使是仁人君子也会有错误。关键是要正确对待自己的错误。如果自己有了错误而能正确对待，这种错误则不妨碍自己成为仁人君子。"譬如一正人，其间虽有小过，亦不害其为正。"因此，真正的仁人君子必须既要有坚持真理的勇气，"是则向是"，凡是对的，即使遭天下人反对，也不退却，即所谓"举世非之而不顾"；同时也要有随时修正错误的决心，"不是则退而修正"。吕祖谦强调说："君道莫大于改过复善，一不改过，则非君道。"为了防止错误和及时改正错误，吕祖谦提出了两条建议：一要"闻过而喜"，二要"不讳过自足"。

闻过则喜。当事者迷，旁观者清，这种情况是经常发生的。这就需要他人的提醒和帮助。这是提高自身道德素养的重要途径。因此，对于指出自己错误的批评，非但不能怀恨在心，而且要"欣然而喜"。吕祖谦认为就其天生资质而言，子路"固鲁"。但由于他有"闻过则喜""专是求益"的精神，故而成为"孔门之学进而勇有力者"之第一人。凡是想进入圣人境界的人，都应该以子路这一精神为标的。在这里，吕祖谦提出了一条检验自身道德修养的重要标准：如果对于批评自己过失的"善言"，"只作等闲看了"，就标明

"未到禹地位"。而只有像禹一样，对善意的批评，"看得如山岳、如金玉"，乐于"从人"，才能不断地提高自己的道德修养水准。

不讳过自足。满足于目前之小成，掩饰自己的错误，这是成就理想人格的大敌。吕祖谦指出："学者之患在于讳过而自足。使其不讳过，不自足，则成其德。"关于这一点，他在解释《论语》中"（颜渊）不贰过"这句话时，又作了进一步说明。不少人犯了错误，事后自己也意识到了，但是他们首先想到的不是如何改正错误，而是不让他人知道自己的错误，于是想方设法"盖其过"。或是"妄言以自饰"，或是"为巧计以自蔽"。须知掩饰过错的本身是一种新的错误。这样一来，就使本来的"一过"，演变为"贰过"。而要今后不犯类似的错误，则必须不掩饰已犯下的错误，认真吸取其教训。我们认为，吕祖谦这一观点带有普遍的意义，可谓放之四海而皆准，值得加以继承和发扬。

由此出发，吕祖谦提出了"攻己之恶，无攻人之恶"的思想。他认为从理论上说"改过复善"是不难做到的，但是一旦实践起来却不是很容易的事。这是说，人身上的毛病是很多的，"通身都是过"。要彻底改正自己所有的错误，非得在"克己上做工夫"不可。这就要求对于自己的错误，毫不姑息手软，要像攻克"坚垒大敌"那样用心致力。吕祖谦认为，如果眼睛老是盯住别人的过失，"惟欲点检他人"，势必在"克己"上欠工夫，无暇纠正自己的错误。而要想成为仁人君子，"攻己之恶"尚且应接不暇，又"何暇攻人"？他在这里强调的是反求诸己。其中有一些合理因素，但其消极因素是极为明显的。同时，这种封闭式的洁身自好，亦悖逆于他本人所力倡的"君子莫大乎与人为善"的理论。

处 世 之 道

人类自诞生起，即以群体形式出现。无论在什么时代，人始终只能是社会群体中的一员。世界上从来就不存在真正的离群索居者。吕祖谦说得很对："人不能以独处，必与人处。"人生在世，总要和他人发生交往，人际关系由此产生。人际关系处理得好与坏，不仅直接影响到某个具体的人能否立足于社会，而且在一定程度上也关系着社会的安定。所以儒家一向重视人际关系，力倡以能否妥善处理好与他人的关系，作为检验自身人品之高低，道德之有无，志向之宽狭，学问之醇疵的重要标准。处世之道，所要回答的就是在处理人际关系时应该遵循的基本原则。十分明显，处世之道是受理想人格制约的。不同的理想人格有着不同的处世之道。吕祖谦的处世之道，概括起来，就是要求人们以圣人的处世哲学为样板。虽然其中多是在其他理学家那里亦能见到的陈词滥调，但也提出了若干直到今天仍必须重视的基本原则。

"省察自己"，宽容待人

封建社会人情险恶。用吕祖谦的话说就是"世故峥嵘"。为了保证在复杂的人际关系中应付自如，左右逢源，吕祖谦认为加强自身的道德修养实为关键所在。加强道德修养，就须向圣人学习。只要向圣人学习，按照封建主义义理原则做自己应该做的事情，就是一个堂堂正正的人，自然会受到社会的接纳。现在有些人总觉得别人"容他不得"，究其根源，乃是他本人"资质薄、志趣狭"所致。换句话说只要自己资质优渥、志趣广大，也就不存在"众人容他不得"的问题。

由此引申开去，他认为一个人在社会生活中碰到了麻烦，应该首先主动检点自己道德上的缺憾。所谓"此其形而彼其影"，即自己的道德必定要在和他人交往过程中反映出来。如果自己的道德完全符合封建主义义理要求，"十分正当"，他人自然会有积极的反应，而不存在"龃龉"。相反，尽管主观上有爱人之动机，而在和他人交往时，别人反映冷漠，"不亲、不治、不答"，不要后悔"枉做了许多工夫"，或者认为是"好人难做"，而应该从自己主观方面找原因。这也是正邪、君子小人的分水岭。

从反求诸内的观点展开来，吕祖谦主张在和他人交往过程中，严于责己，而不是责备他人。所谓"大抵君子之心，常于身上求，不是责他人"。认为只要自己的道德无可挑剔，对他人充满至诚，总归会收到良好的效果。

吕祖谦认为和他人交往，不仅主观上要有诚意，而且还要让对方相信自己有诚意，别人才会为自己所"感通"。如果对方对自己表示不信任（"不应"），这就说明自己的"诚未孚"。与其责备他人之"不应"，倒不如退而责己，使己之诚大孚于人更有效。

交感是双方的，如果双方都有至诚之心，这当然是最理想的。但这不是说，只有对方有了至诚之心，我的至诚才会收到预期的效果。吕祖谦之所以不同意"彼或不诚，则不能相感"的说法，是因为这种观点仍属于"责人不应"的变种，"是有待于外"，而不是反求于内。他认为只要自己确实对他人怀有"至诚"，是"无待于外"的，不管对方有无至诚，都会为自己所"感通"的。

语言是交流思想感情的工具。无论是在社交活动中还是在日常生活中，没有语言非但不能沟通彼此双方的思想感情，而且连起码的正常交往也不能进行。因此，在和别人交往时，不能只注意主观动机之"至诚"，还应该重视语言对思想感情的表达准确得体。因为词不达意或言过其实，是无法起到交流感情、沟通心灵的作用的。因此，吕祖谦本人虽然"讷于言"，常常是"心欲言而口不能明"，但他重视"修辞"，讲求语言的表达。他将"修辞"规定为"立诚"的"下手处"。在一般情况下，当人有思想活动时，总是要通过语言流露出来的。如对人有憎恶之意，则说话时难免尖刻之词；而对人恼怒时，说话就会愤愤不平。正是基于这种认识，吕祖谦强调人们注重语言之准确得体。他认为语言既要铿锵有力，又不能锋芒毕露。在此基础上，吕祖谦论述了"修辞"与"立诚"的关系。

"辞"与"诚"是形式和内容的关系。不加强修辞，就不能准确表达己之诚，因而其诚就立不起来。同样，内心缺乏诚意，只是"以言语牢笼人情，岂能感人"？这种"辞"只能是花言巧语，而为仁人君子所不取。以二帝、三王、孔孟而言，他们"所以感人"，虽然不能不借助"典谟""训诰""答问"这一形式，但更主要的是因为他们对人怀有至诚之心。如其不然，即使"有典谟、训诰、答问"，也只能是虚假的套语，而不值一文。因此"立诚"与"修辞"虽然不可偏废，但相比之下，"立诚"比"修辞"更为重要。因为，只有出于"诚"的"辞"才是值得珍惜的。

人际交往的基本原则

人生在世，不能没有朋友。然而，却不能因此说随便什么样的人都可以引以为友，也不是要"牢笼尽天下人"。在现实生活中，因交友不慎而走上歧途造成终生遗憾，甚至身羁杀戮之祸者是不乏其例的。这就要求交友必须慎之又慎，绝不可有半点苟合。吕祖谦指出：一个人如果交友马马虎虎，其人品也不会高到什么地方去。

这就是说，"爱"与"友"是有原则区别的。"爱"可以不分对象。众人都在"爱"之列，而"友"则有严格的标准，必须是"士之仁者"才行。对可交的"士之仁者"，吕祖谦提出了"直""谅""多闻"三条具体标准。交朋友的目的是得到朋友的真诚帮助，在其优秀品德的感染和丰富学识的教育下，克服自己的缺点，增长自己的才能，做一个好人。从这一目的出发，吕祖谦以为与刚直之人为友，不仅自己一有错误，即可"得其规正"，而且与这种人为友，违背封建义理的"非心邪念"不敢萌发，久而久之，自己亦能成为刚直之士。与忠信之人为友，遇到麻烦，其能以"至诚"相待，绝不会落井下石。尤其与他们相处日久，即能受其熏陶，涵养自己的气质，终究有一天自己亦会跻身于忠信之士的行列。与多闻义理者为友，也有这样两个好处。一是他们

"久阅义理"，"见事通透"，因而与之共事可以少犯错误。二是与他们相处，自己的"疏漏"就会明显显露出来，从而可以产生上进的念头。

吕祖谦认为，朋友之间应该相互坦诚相见。所谓"朋友之道亦只是推诚相与，自然无疑"，而相互之间的理解与信任比什么都重要。朋友之间的真诚友谊是建立在相互理解和信任的基础上的，而不相互吹捧恭维，也不是投之以桃、报之以李，以图表面上的"亲昵"无间，所谓"君子之交淡若水"就是在这个意义上说的。正因为这种友谊来自理解和信任，而不掺杂利害得失，所以它不为岁月之流逝而淡漠，不为利害得失之冲突而动摇，能够长久地保持下去。相反，依靠各自的利害得失建立的友谊，虽然表面上"甘如醴"，但终究会因为利害得失之冲突而瓦解。我们认为，吕祖谦对于友谊的这种理解不愧为真知灼见，给人启迪颇多。

交友应该掌握"直""谅""多闻"的标准，那么什么人一定不能引以为友呢？吕祖谦认为千万不能友"便辟""便佞"之辈和"善柔之人"。"便辟"，是专为一己之私利考虑的邪恶之徒。"便佞"则是为了一己之私利而溜须拍马的小人。与这两种人为友，其危害不言自明，故而吕祖谦着重分析了与"善柔之人"为友的坏处。"善柔之人"虽然没有直接危害自己，但由于他们"循循无能"，从他们那里得不到任何有益的帮助事小，而与他们相处日久，会使自己的上进心消磨殆尽，"不能振发进步"，久而久之也就会沦为"便辟""便佞"式的人物，因此，应该远避"善柔之人"。否则后果不堪设想。尽管吕祖谦说的"直、谅、多闻"以及"便辟、善柔、便佞"是以封建义理为标准的，但在其阐发的过程中，亦有可资借鉴的因素。

交友必须慎之又慎，从严掌握，非"直、谅、多闻"之士不交。然而天下众生芸芸，究竟哪些人才是"直、谅、多闻"之士呢？不经过长期接触和观察是无法了解的，这就要求接触面要尽可能地大些。由于主客观条件的限制，每个人都有自己生活的小圈子，这就难免有亲疏。但不能因此认为只有和自己"亲厚及相近者"才是同志，而与自己性格不合、关系疏远的就一定是奸佞小人。说不定其中亦有"直、谅、多闻"之士。这里的关键是要彻底根除嫉忌之心。吕祖谦认为，孔子超出常人之处就在于他具有"老者安之、朋友信之、少者怀之"的伟大胸襟。这应该成为每个人的处世准则。如果人人都坚持以"四海之内皆兄弟"的度量去待人，就不会有亲疏之分、内外之别，整个世界就会其乐融融、亲密无间。

世界是复杂的，而其中又以人为最。每个人的生活信念、旨趣不尽相同，加之生活经历、素养、性格的差异，因而不同的人在观察、思考、处理问题时，其出发点和方式也不会完全相同。这就要求不能以自己的标准去要求别人，需要"降意"而求（降低要求），即对他人存点宽容。

吕祖谦指出，在和别人接触过程中，不能一听到对方有些话不中听就翻脸，正确的态度是撷取对方议论中某些合理成分，加以演绎扩充，这样于人于己都有益。认为别人的议论即使总体上是错误的，但其中总有一些可取之处，因而不能"都不应答"。当然这种应答不是无原则的敷衍，而是充分肯定其中可取的因素。吕祖谦这一主张体现了与人为善的精神，必须给予适当的评价。

从与人有益的观点出发，吕祖谦进而提出了"治人便是治己"的思想。他认为，世界上的事情虽然千头万绪，但归根结底只有两种：治己、治人，即增进自己的主观道德的同时，提高别人的道德；而提高别人的道德，也就是增进自己的道德，因此"治人便是治己"。"治己"与"治人""虽名两事"，其实是一回事。同样的道理，"无益于人"，即"无益于己"，"有害于人"也就"有害于己"。

第 6 章

吕祖谦的历史观

吕祖谦的历史观是他整个思想体系中最为精彩的部分。它集中体现了吕祖谦的"务其实"学风和"经世致用"的治学特点。在历史研究领域中，吕祖谦摈弃了理学家空谈性命义理的陈词滥调，反对把"天理"作为历史研究的圭臬。他主张从历史本身出发了解、研究历史，总结历史发展的规律。吕祖谦这种历史观与朱熹"会归一理"的历史观尖锐对立，因而引起了以朱熹为代表的理学家们的尖刻攻击，甚至在吕祖谦死后，朱熹还恨声不绝。可是吕祖谦的历史观却与永康学派相一致，因而得到了陈亮等人的赞扬。吕祖谦研究历史，目的是通过对历史的客观分析，为南宋小朝廷提供以往的经验与教训，以免重蹈历史上失败的覆辙。但他在具体的叙述中，却提出了不少独到的见解。

考察历史应有"当如身在其中"的体悟

吕祖谦认为历史的发展有着自身的规律，因此，研究历史应从实际出发，而不能从抽象的所谓"天理"出发。他说，观史"当如身在其中，见事之利害、时之祸患，必掩卷自思，使我遇此等事，当如何处之，如此观史，学问亦可以进，知识亦可以高，方为有益"。其所谓观史"当如身在其中"，研究历史要有历史感，要了解当时的人怎样想问题，怎么行事，怎么说话，从而对历史事件作出诠释，也就是从历史的客观实际即从当时当地的具体历史环境来分析和考察问题，总结历史经验，锻炼自己处世应事的能力。这样学习历史才有益于经世致用。他反对人们把主要精力放在"博学强记"上面，认为最要紧的是要学会分析思考；"看史须看一半便掩卷，料其后成败如何。其大要有六，择善、警戒、阃范、治体、议论、处事"。

吕祖谦这种强调要从历史的实际出发了解历史的观点，引起了朱熹的不满。其原因就在于朱熹要求站在"天理"的高度去认识历史，把"天理"作为评论历史事件的最高标准。所谓"陶镕历代之偏驳，会归一理之纯粹"，即用理学家的"天理"标准陶镕历史。朱熹认为研究历史必须从主观的"天理"出发，学习历史的唯一目的就是要求人们做到"合于天理之正，人心之安"。基于这种史学观点，他对具有浙东学派"务实"学风的吕祖谦横加讥评。朱熹的学生认为吕祖谦"是相承那江浙间一种史学"即浙东"务实"史学，确实如此。吕祖谦一再要求自己的学生学习历史要"必能求其实，不为腐儒所眩"。这种"必能求其实"的史学观与朱熹"会归一理之纯粹"的观点是相对立的。

要了解和研究历史，就必须认真阅读和学习史书。和朱熹等理学家轻视学习历史的态度相反，吕祖谦十分重视历史的学习和研究。他不仅把经书和一些著名的历史著作相提并论，而且还把儒家经典本身也作为一种历史资料来看待。

吕祖谦就是以这种态度对待儒家经典之一《尚书》。这是他在诸多理学家中的过人之处，后世的"六经皆史"之说有可能受此影响。他本人曾以《尚书》为题材写了《书说》，又以《左传》为题材写了《东莱博议》《左氏传说》等著作，见解精辟，叙述严谨，常给人以发人所未发之感。

吕祖谦认为任何人要想完成自己的学业，都离不开对历史的学习，即使像孔子这样的圣人也是如此。

《春秋》是古代历史上判断是非、臧否善恶的主要依据之一，一向被理学家抬得很高，据传是孔子依据鲁国史官所编《春秋》加以整理修订而成。可见，如果没有遗留下来的翔实史料，孔子就不能够笔删《春秋》，"以示万世"。而像孔子这样的圣人都离不开对史料的分析、研究和学习，又何况别人呢？因此，吕祖谦大胆提出秉实写史的史官有功于圣人的观点，指出："中国所以不沦丧者，皆史官扶持之力也。"

在这里，他把历史的发展、人类的不灭归于史官的不旷职，说公道话，认为史官和孔子一样伟大，靠了"史官扶持之力"才有"仲尼之出"，这在当时却是十分大胆的议论。

对此，朱熹很不满意。他批评吕祖谦把司马迁抬得与孔子相似是很不适宜的，对吕祖谦经常劝人学习《左传》《史记》的做法很反感。朱熹认为学者必须以读经为本，而后读史。绝不能经史并重，尤其不能以史为本。他说："读书须是以经为本，而后读史。"认为只有先读儒家经典，接受了所谓"天理"，才能读史，不然会发生看史把人看坏了的后果。

吕祖谦认为研究历史是一门科学。因此，读史书应该从历史的发展次序系统地阅读，这样可以进行前后比较，对于历史发展过程能"洞然明白"。他说："史当自左氏至五代史依次读，则上下首尾洞然明白。至于观其他书亦须自首至尾无失其序为善。若杂然并列于前，今日读某书，明日读某传，习其前而忘其后，举其中而遗其上下，未见其有成也。"

这段议论不仅是治学的经验之谈，同时也反映了他对历史学的重视。他认为像这样"上下首尾""无失其序"地学习历史，可以使人获得许多有益的知识："学问可以进，知识亦可以高。"而朱熹既看不起史学家，轻视史籍的学习，同时也否认历史学是一门科学，在他眼中史学不过是经学的奴婢。

吕祖谦是一个理学家，但又以研究历史见长，也是一位颇有成就的史学家。他一生编就了大量的历史著作。对于史书的编写方法，他有着很好的见解。他不同意朱熹关于把"天理"作为编写史书的"大经大法"的意见，指出，史书的两种传统体裁，即编年之体与纪传之体"互有得失。论一时之事，纪传不如编年，论一人之得失，编年不如纪传"，因此，二者皆不可废。吕祖谦晚年所编写的《大事记》基本上采用的是编年体，参考自《左传》至《资治通鉴》的写法，但也汲取了司马迁《史记》的"纪传之体"的某些特点，而"不尽用某书凡例"。他原打算编写从春秋到五代的历史，由于病情恶化，只写到汉武帝征和三年便停止了。除《大事记》十二卷外，附有《通释》三卷，《解题》十二卷。《通释》是专门辑录历代著名学者对所记述的历史事件、人物的评论。《解题》则是对《大事记》的本末做扼要的介绍，并附编者自己的看法。《大事记》叙述史实十分严谨、精密。

连朱熹也不得不叹服《大事记》乃"自成一家之言","其精密为古今未有",《大事记解题》也"煞有工夫"。

"合群策、集事功"是历史发展的重要因素

社会历史发展的决定因素是什么？以朱熹为代表的理学家认为："天下之事，千变万化，其端无穷，而无不本于人主之心者。"断定社会的兴衰、政治的好坏，社会历史的变化皆决定于帝王"心术"的"正"与"不正"。吕祖谦针对这种荒谬的帝王"心术"决定论，提出了与之相反的论点。他在《与周子充》的信中大胆地提出："秦汉以后，只患上太尊，下太卑。"在君主专制日益强化的时代，这确是惊世骇俗之论。

吕祖谦认为"心术"论非常有害，只能加重"上太尊，下太卑"之患，更加造成君主的独断专行，其结果犹如人体血脉经络，"少有雍滞，久则生疾"。为此，他专门对君主"独运万机之说"进行了反复的、详尽的驳斥，指出"独运万机"之说，至少有四大弊端：

第一，一个人独断天下之事，总不免有所遗漏，因而会贻误治效。他指出："琐微繁细，悉经省览，酬酢区划，日不暇给，而天下大计或有所遗，治效不进……岂不可惜。"

任何人的精力总是有限的，事无巨细，一人独揽，总会"有所遗"。尤其在小事情上耗费过多的精力，就会忽略大政方针，势必影响治国的效果。

第二，大臣有职无权，有名无实，一旦有事无人招麾。"监司、守令，职任率为其上所侵而不能令其下。故豪猾玩官府，郡县忽省部，掾属陵长吏，贱人轻柄臣……一旦有事，谁与招麾而伸缩之耶？"大小官员的权职都被君主一人收揽了，"职任率为其上所侵"，因此，就无法指挥部属，而丧失应有的权威，造成下不服上、贱不尊贵的局面，这样到了关键时刻，谁还能为君主召集力量呢？

第三，君主无人拥戴，有被架空的危险。"一命而上，大小相承，积而至于人主，然后尊重无以复加，苟万机独运，大臣而下皆为人所易，则人主岂能独尊重哉？"君命一出，大小官员都照此办理，从表面上看君主的权威是无以复加了，但大臣的职务却变成了什么人都可以滥竽充数的虚位。这样，君主肱股辅弼没有了，君主怎么能独自尊重得起来？

第四，容易造成宦官专权。君主事必躬亲而忙不过来，就易让身边亲亲佞小越俎代庖，如果让"妄意在旁者""工于揣摩"，钻了空子，事情就更加麻烦。

为了对"心术"决定论的驳斥更具有说服力，吕祖谦还从社会伦理制度的产生这一角度作了进一步论证。他指出，社会的伦理制度"人纪"并非由哪一位圣王建立，而是"藉众人之力而共建"的社会历史产物。他说："大抵人纪乃天下之物，非溺得而私有之，既不得私有则亦尝舆天下共之，固非溺一手一足之力，亦曾藉聚人之力而共建明之。故溺因自然之理，顺之而不睨，乃溺之肇修人纪也。"

所以，吕祖谦规劝孝宗皇帝不要相信"独运万机之说""勿以聪明独高，而谓智足偏察，勿详于小而遗远大之计，勿忽于近而忘壅蔽之萌"。还说："天下徒闻陛下独运万机，事由中出，听其声，不究其实……声势侵长，趋附浸多，过咎浸积。"

吕祖谦认为决定国家的大事和社会的进步不是帝王个人的事，必须"合群策、定成算，次第行之"，"广揽豪杰，共集事功"才行。正如勾践、文种、范蠡以及刘邦、张良、陈平等古之君臣，凡要作出重大决策总要事先互相质疑，非常慎重，不敢轻易决定，更不是由勾践、刘邦之"心术"决定。因而这样定下来的大政国策就不会出什么差错。对这种处理事务的方法吕祖谦很赞成。他认为处理郡县的小事尚且要再三斟酌才付诸实行，涉及天下大计就更应该尽其所疑、论其所难了。他的这一观点实际是对帝王"心术"论的否定和匡正。

吕祖谦断然地否定了"独运万机之说"，实际上也就否定了朱熹的"心术"论。他强调"合群臣"，"共集事功"，"相与共图大计"为治理国家的根本大计，坚决反对"自任一己聪明"的"师心自用"的独断论。他抨击了后世封建君主的"自任一己聪明以临天下"的行为："后世之君，自任一己聪明以临天下，适足为不知。盖以众人聪明以临下，此乃大君之所宜。"他认为尧舜之所以能成为大人主，就在于他们处理问题不是"师心自用"，而是注意吸取"众人聪明"。他说："是以天下之耳目为耳目，是上下远近俱无壅蔽不通下情者，此舜即位第一件事。"吕祖谦上述的这些观点在当时是很有意义的，不仅客观上对过分高度集中的君主专制制度提出异议，而且对历史发展的决定因素也作了某些探索。

吕祖谦还敏锐地察觉到国家的兴亡，与"下情通塞"有密切关系。他说："汉武帝穷侈、淫刑、黩武，比秦、隋无几，然秦、隋亡而汉不亡者，要须深思。二世、炀帝只以下情不通，故亡，汉武下情却通，只轮台诏可见，外面利害，武帝具知之，国之存亡，只看下情通塞。"这就是说，君主必须了解世务民情，如果与外界隔断，"下情不通"，就会导致国家败亡。为此，他主张"定国是以一民听"。

"有因有革"，"向前则有功"的历史发展观

历史究竟是前进的还是倒退的？这又是吕祖谦和朱熹等人在历史观上的严重分歧之一。朱熹曾露骨地宣扬历史退化论。他认为夏、商、周三代天理流行，是王道政治，三代以后由于人欲横行，是霸道政治，而且是愈来愈糟糕。而吕祖谦则认为历史是前进的，绝不是一代不如一代。他反对历史不变论和复古论，指出历史的发展是"有因有革"的。对历史不能采取虚无主义的态度，一概否定，推倒重来；更不应该借谨守祖宗之法为名因循守旧，原封不动地照搬照抄。吕祖谦认为凡事总有一个极限，到了极限就要有人出来改革，否则即使无人去改革，形势也总归要发生变化，"事板则须有人变，无人变则其势自变"。因此，与其让形势自变，倒不如因势利导，趁机变之而有利。这样做，并不忤逆祖宗之意，因为"祖宗之意，只欲天下安，我措置得天下安，便是承祖宗之意不必事事要学也"。意思是说，祖宗之意是要天下太平无事，如果我改革了妨碍天下太平的祖宗旧章程，就是最好的师承祖宗之意，而不要每件事都要照老祖宗的办法去做。吕祖谦这一"师祖宗之意，不师祖宗之法"的观点和王安石"变祖宗之法"的思想有相通的一面。就这个问题，

他提出这样的观点："视前代未备者，固当激厉而振起，其远过前代者尤当爱护而扶持。"历史总是朝前发展的，凡前代所不完备的东西，后一代"当激厉而振起"加以改良。凡后一代发展了前一代所没有的新东西，更应当"爱护而扶持"，加以发扬光大，社会历史的发展乃是依靠人为的力量来推动的。

吕祖谦认为历史总是向前发展的，不是倒退的。他指出：战国时期某些人所宣扬的"帝王之道"已经不合潮流，是"迂阔难行"的空谈。他说："战国之时，指以为帝王之遭者类皆迂阔难行者也，知王道之近思者惟孟子一人而已。"这就是说，孟子对于古"帝王之道"稍微有些变通，不太迂阔，因此孟子的学说还值得仿效。但完全"复古"事实上是行不通的。吕祖谦明确提出"施行先世制度于今日"，是不能成功的。这与陈亮"古今异宜，圣贤之事不可尽以为法"的看法是相通的。

朱熹为了鼓吹复古主义，曾极力美化三代帝王之德。他认为三代以上的圣人具有极高的美德，其道心完全与"天理"相符合，因而"三代专以天理行"。他说："鄙意更欲贤者百尺竿头进取一步，将来不作三代以下人物。"对于这一观点，陈亮曾辛辣地加以讽刺："信斯言也，千五百年之间，天地亦是架漏过时，而人心亦是牵补度日，万物何以阜蕃，而道何以常存乎？"而吕祖谦则从历史考据的角度指出，古代的传说中某些帝王之德是不足信的，因为这不符合历史事实。他举了"宋襄公战于泓"的故事，发了如下的议论：历史中的"圣王"，在战争中是以极其凶残的手段来征服敌人的，"凛然未尝有毫发贷其所宽者"。这就从根本上否定了朱熹等人所虚构的"天理流行"的"三代"。他以确凿的古文献记载，说明了对"三代"不可虚构美化，虽不及陈亮对朱熹复古主义所作的批判尖锐有力，却具有较强的说服力。

吕祖谦高度重视人在历史变革中地位的重要性，他说："古人之所谓量力者，盖有说矣，养而未充也，为而未成也，修而未备也，于是量力而未敢轻动焉……养己亢，为己成，修己备，有所不动，动无敌矣。"他认为要实现政治上的"王道"或"霸道"，人们必须"以立是期（理想目标）"。他说："天下之为治者，未尝无所期也。王期于王，伯期于伯，强期于强，不有以的之，孰得而射之？不有以望之，孰得而趋之？志也者，所以立是期也；动也者，所以赴是期也；效也者，所以应是期也。"要想达到天下之治，就必须有明确的奋斗方向，这好比射箭必须要有靶子，走路要有目标一样。光有"期"还不行，还要有具体的行动。他说："当险难之时，必有动作施设，然后可以出险；苟无所为而坐视

139

其弊，则终于险而已，尚能免于险乎?"将事情化险为夷，必须通过人的"动作施设""有所为"的活动，否则极难免于险。

吕祖谦高度重视人的主观能动作用，并充分肯定其在历史活动中的地位。他说：物产的阜盛，天象的吉兆，都不如圣贤对国家有用。只要国家有才能的人多了，就可以达到天下之治，就可以朝着预定的目标前进。

要之，吕祖谦的历史哲学就总的倾向来说，是进步的，其中含有不少积极的因素。虽然他有时也流露了过分强调帝王"良心"作用的倾向，如说："人主之意一回，则天下之势亦回，正生灵之幸，宗庙之福。"又说："圣人之心万物皆备，不见其为外也，史，心史也，记，心记也。"但从总体看，吕祖谦的历史哲学是与当时占统治地位的理学家诸如朱熹的"会归一理"的历史观相对立的。其中具有不少独到见解和合理之处，对于中国古代哲学的发展起了一定的推动作用。

第7章

吕祖谦的教育思想

吕祖谦是封建社会后期的著名教育家。他以毕生的精力致力于封建主义教育事业，即使在为其父母服丧期间，也没有中辍讲学活动。吕祖谦与其弟吕祖俭在明招山创办了丽泽书院，并亲自为学生编写教材，如《东莱博议》就是他"为诸生课试之作"。由于他治学向以严谨著称，又不囿于门户之见，因而"四方之士争趋之"，形成了以吕祖谦为旗帜的"婺学"，在当时具有较大的影响。

吕祖谦的教育思想，是他的哲学思想和伦理观在教育领域中的具体体现。吕祖谦提出的"讲实理、育实材而求实用"的原则，在理论上有调和朱、陆和永嘉、永康学派的特色。"讲实理"说的是封建主义教育的指导思想及其目

141

的，在这方面吕祖谦和朱熹、陆九渊等人没有任何分歧。他非常强调内心道德涵养功夫，即所谓"主静""主敬"工夫。他说："静多于动，践履多于发用，涵养多于讲说，读经多于读史，工夫如此，可久可大。"并认为人要穷究"学问"，"只有'反己'二字，更无别法"。"育实材而求实用"是指培养目标以及治学态度。在这方面，吕祖谦与朱、陆有一定区别，而与永嘉学派和永康学派相接近，其中有不少精彩的论述，尤其是他在长期教学经验中提出的一些具体学习方法，颇有一些合理之处，很值得加以研究。

明理、治心的教育目的

吕祖谦对封建主义教育的作用极为重视。他认为，"时事所以艰难，风俗所以浇薄，皆由讲学不明"，试图通过"讲学"来达到整顿伦理纲常的目的。因此，吕祖谦的教育思想是与传统的伦理观紧密相连的。

南宋时期，佛、道二教已趋向衰落，代之而起的是以儒学为核心，同时借用佛、道二家思想而形成的理学。但理学在禁锢劳动人民思想方面的"妙用"，最初并未被统治者领悟到，相反有时还对它有所非难。如孝宗皇帝对理学就不太感兴趣。当时在孝宗身边侍讲的张试曾向朱熹透露："今日大患，是不悦儒（理）学……上（孝宗）聪明，所恨无入朝夕讲道至理。"对此，吕祖谦和张试一样，深表忧虑。

由此，吕祖谦提出，要匡救封建之衰世，就要从本原上着手。如果"不本其原，徒欲以力救斯世"，虽动机是好的，其志可嘉，但不应提倡，因为衰世并非力所能救的。救世的"大原"在于"明帝学"，只要"大定其本"，其他事情就好办了。

应该指出，重视教化，并非吕祖谦个人的独特见解。他的这一思想是对自孔子以来的许多思想家关于"教化"观点的继承和发挥。孔子说："道之以政，齐之以刑，民免而无耻。道之以德，齐之以礼，有耻且格。"意思是说，仅仅用政令和刑罚治理百姓，百姓只能被迫服从封建统治，却不知道违背封建统治是"可耻"的行为。如果用道德和礼义去诱导他们，百姓就会接受封建主义的教化。孟子认为要争取民心归附，最好的办法是善于教化，即所谓"善政不如善教之得民。善政民畏之，善教民爱之。善政得民财，善教得民心。"在孟子看来，好的政令不如好的教化能争取百姓。"善政"固然可以使百姓害怕，"善教"却能使百姓拥戴，"善政"固然可以得到百姓供奉的财物，却不如"善教"得民心。从这个意义上说，危及封建制度的最大祸害是教育不力。他说："城郭不完，兵甲不多，非国之灾也，田野不辟，货财不聚，非国之害也。上无礼，下无学，民贼兴，丧无日矣。"这就是说，军事力量不强，财政收入不多，都不能算是国家的危害，只有最高封建统治者不严格按照封建伦纲办事，老百姓不学会用封建伦纲规范自己的行动，才是最危险的，因为这样犯上作乱的"民贼"就会愈来愈多，国家离灭亡的日子也就不远了。董仲舒则把教化比作"堤防"。他说："故教化生而奸邪皆止者，其堤防完也，教化废而奸邪并出，刑罚不能胜者，其堤防坏也。"他认为封建教化兴废，涉及"奸邪"的"止"与"出"。程颐说得更清楚："知孝悌忠信之化率之易从，劳之不怨，心附于上，固而不可摇也。"由此可以看出，吕祖谦重视"讲学"对于封建统治所起的作用是有源头的，而他在继承前人思想的基础上，又对这一思想作了进一步的发挥。

吕祖谦认为，由于当时"圣学不明""教化不行"，这就使百姓很难遵循封建主义的轨道前进。这就是说，人们之所以不能遵循中庸（封建伦纲）的原则行动，主要是因为不知其高明而误入"陷阱"。讲圣学的目的，就是帮助人们从"见之不明"到"见之果明"，分清"坦涂（途）"和"陷阱"的区别。他这里说的"坦涂"，其实就是封建主义的道路。

为了使封建伦纲扎根于百姓心田，吕祖谦提出必须对人们从小就进行封建伦纲的教化。他很赞赏司马光的观点，"教妇初来，教于婴孩"。媳妇刚娶进门就要对其进行妇道教化，子女的教育要从婴孩时代就抓紧，这样就可以收到事半功倍的理想效果，"乃易为力"。在此，他把"人之恶念"比喻为"童小之牛角"。牛一旦长出角来，就要"触物"，因此，最好的办法是"砦童小之牛角"，使"其角终无见"。同样，制止"人之恶念"也要不让它"萌"。万一"恶念"已"萌"，也要及时加以纠正，不能使其发展膨胀。

因为，在吕祖谦看来："小人""女人""夷狄"是天生的阴类，要他们一点坏事不干是不可能的。但是，作出严重违犯封建伦纲，诸如弑君弑父之事，也并非一下子就能发生，而是因"恶念""积久贯熟"所致。于是，他在提出"制恶于未萌之时"之后，又提出，必须"戒"其"恶念"于"几微之间"，告诫人们绝不可听任"非心邪念"顺势发展，否则，"非心邪念"总有一天会发展到"弑君弑父"之举。这就"如饮酒，初时一两杯，顺而不止，必至沉湎杀身；如斗殴，初时只是忿疾，若顺忿疾将去，必致操刀杀人"。

为了使"恶念"得到有效的制止，吕祖谦要求统治者必须讲究制恶之道。所谓制恶之道，在吕祖谦那儿，就是讲"圣学"。程颐曾经认为"养正于蒙，学之至善也"，吕祖谦师承程颐的观点，指出："蒙，始终皆以严。"即从小孩子开蒙时，就要用"道"对其严格要求，不能有半点放松。这是因为人一旦染上了邪癖恶习，纠正起来就比较困难。这与前面所说的"戒"和"辨""恶念"于"初生初长"之时，是一个意思。如果撇开"养正于蒙"的"正"的具体内容，这"养正于蒙"和"戒""辨"于"初生初长"之时是有一定合理因素的。

吕祖谦不仅极力主张"制恶于未萌之时""养正于蒙"，而且强调对有过失的人也要温言慰之，以尽教化之责，而不能粗暴地加以斥责。

为了确保封建统治阶级的"万世基业"，吕祖谦主张从"仰称夫明天子教养之实德"着手，以习诵"先王之道为急"，竭力向人们灌输以封建人伦纲常为中心内容的思想意识。他说："为学须识义、利、逊、悌、廉、耻六个字，于此守之不失为善人，于此上行之而著，习矣而察，便是精义妙道。"吕祖谦还把上述思想系统而具体地反映到他亲手订立的《学规》之中。乾道四年（1168）九月，他订的《学规》中第一条就明确规定："凡预此集者以孝、悌、忠、信为本。其不顺于父母，不友于兄弟，不睦于宗族，不诚于朋友，言行相反，文过遂非者，不在此位，既预集而或犯，同志者规之，规之不可，责之，责之不可，告于众而勉之，终

146

不悛者，除其籍。"次年，又添了"凡与此学者，以讲求经旨，明理躬行为本"。所谓"明理躬行"就是对封建主义的孝悌忠信要身体力行。他的这些思想与朱熹所说的"穷天理、明人伦、讲圣言，通世务"完全一样，都是主张把教育落实到践履封建伦纲中去。淳熙二年（1175），吕祖谦还协助朱熹合编了《近思录》。从周敦颐、张载、程颢和程颐四人著作中"摄取其关于大体而切于日用者，共六百二十二条，分十四卷"，供初学者"辨异端，观圣贤之大略"。虽然《近思录》以朱熹用力为多，但是吕祖谦自始至终参与了编辑工作，多次与朱熹商量所要选入的内容，因而《近思录》体现了吕祖谦和朱熹两人的教育观点。

但是，吕祖谦世界观受"心学"影响较深，反映在教育思想上就是主张以"存养此心"作为学习的先决条件，这与朱熹稍有区别而和陆九渊相同。他说，人心所有的明哲，非自外来也。又说，学者若有实心，则讲贯玩索，固为进德之要。

吕祖谦认为，"立心不实为学者百病之源"。"明理"的根本目的，是要从思想上解决拥护封建等级品名的问题，培养对封建统治阶级的敬畏之心。如果"心"立得不坚实，只"讲贯玩索"是无法"进德"的。因此"学者"不应该"专尚口耳"，而应立足于"存养此心"。由于"心即理"，"守此心"便是明"理"，因此"如学者常存此心，则自然不违乎礼"。相反，如"心有而不存"，那么，在行动上就必然要表现为违"礼"。这时，就必须"反求诸己"，从"心"（思想）上分析。这就是"存养此心"的第一层意思。"存养此心"还有另外一层意思："心"是思考问题、辨别正邪的器官。它好像一面镜子，要准确地反映外界事物，就一定要"镜明"才行。"治心"的过程就是磨镜的工夫。他说："须是自家镜明，然后见得美恶称乎，然后等得轻重。"在这里吕祖谦不仅夸大了"治心"工夫对于认识的作用，而且夸大了"治心"在教育中的地位。他曾明确地说："善学者之于心，治其乱、收其放；明其蔽、安其危；守之必严、执之必定，少怠而纵之，则存者亡矣。"这是对孟子"学问之道无他，求放心而已"的思想的进一步发挥，和陆九渊的"古人教人不过存心，养心求放心"的观点也无二致，完全是"心学"在教育思想上的反映。

总之，无论是"明理"还是"治心"，其目的只有一个，即要求人们自觉地从思想上保持与封建等级制度的一致性。这就是吕祖谦热衷于讲学的根本目的之所在。

正因为如此，吕祖谦坚持以"德教为本"的方针。他认为对于有志于讲学的学者，首先应该具备"忠信"之心，这是一个根本。他说："大抵为学之道，当先立其根本，忠信乃实德也。""人但患无忠信",有了"忠信",就好比有一颗种子埋在心中,"可生""可长""可成","进德修业"就有了根本保证。相反,"根本不立",即使有才干也没有多大用处,一到紧急关头就会畏葸不前,不能为国家所用。特别是功成名就之后,就会只考虑自己的身家性命、官位爵禄,而置国家于脑后。吕祖谦认为当时官场上之所以出现"高爵重禄,一得所欲,畏缩求全,惟欲脱去,无复始来之慷慨"的情况,就是因为没有"忠信"。他断然否定了"智力足以控制海宇,不必道德;权利足以奔走群众,不必诚信;材能足以兴起事功,不必经术"的观点,认为只有在"道德""诚信""经术"的约束下,"材能"才可发挥得恰到好处。如果没有"道德""诚信"而只有"材能",这要比没有"材能"更坏。因为这些人话说得娓娓动听,文章写得精彩,具有强烈的煽动力,所以他们一旦做起坏事来,所造成的祸害是难以估量的。对于封建统治者来说,这批人最令人头痛,远不如无才无德的"空无所有之人"好对付。因为无"材能"纵然想干坏事,也只不过造成小小骚乱而已,掀不起大的风浪。吕祖谦的这个观点充分暴露了他之所以一再强调以德教为本的用心所在。在他看来,宁可要没有"材能"的温顺奴才,也不能要那些"不正"而又"博""大"的干练之才。这显然是站在封建卫道士的立场看问题。

因此，吕祖谦认为学者进修的主要内容应该是"正"，即封建伦常。"圣贤千言万句，会其有极，归其有极，皆在乎致知。"又说："致知是见得此理于视听言动，起居食息、父子夫妇之间，深察其所以然，识其所以然，便当敬以守之。"这是说圣贤教化学者的准则在于"致知"，"致知"便是体察"父子夫妇"之间的人伦纲常和等级名分的"所以然"，以便"敬以守之"。吕祖谦一生从事教育，教的就是这个"大条例"。他在议论学《诗》时曾说："凡观诗须先识圣贤所说大例。"如《诗·关雎》写的是一位在河边采荇菜的年轻女子，引起一位男子的思慕，她的窈窕形象使得他寤寐不忘。他认为学习这首诗要"须识得正心，一毫过之，便是私心"。所谓"识得正心"，就是要用封建伦理纲常控制自己的思想情感，否则就会导致淫乱或哀伤。这个"准则"和前面说的"大条例"是一个意思。从一首表达男恋女的情诗，可以联想到"大条例""准则"，要求人们"不可过"，可谓用心良苦。

吕祖谦还认为对人们进行封建主义道德教育，仅仅是在书本上探索是不行的，尤其要紧的是在日常生活中认真践履。

在吕祖谦看来，关于封建主义道德的践履不是纸上功课所代替得了的，只有"日夕检点"才能有长进。他很不满意当时"推求言句工夫常多，点检日用工夫常少"的现象。他认为这样做是不可能真正"明理"，也不可能真正具备封建主义伦理道德的。"虽略见仿佛，然终非实有诸己也。"这里，吕祖谦强调的虽是对封建主义道德的践履，但作为一种道德教育的方法，却是颇有启迪的。

吕祖谦要求学者都要以孔子作为自己效法的"准的规模"。为学须是以圣人为准的，步步踏实，所以谓学不躐等。羿教人射箭，尚且要有目标，何况读书学习呢？推而广之，无论做什么都需要有"准的规模"。学者的"准的规模"是孔子，应该以孔子为榜样，"步步踏实"地前进，这就是"学不躐等"。吕祖谦认为学者是否以孔子为"准的规模"绝不是一件小事。他说："人之性本同，一有所随，便分善恶。"意思是说，人性本来是相同的，但一旦有所追随就分出善恶了。舜禹是善人的宗主，共鲧是恶人的首领。追随舜禹就成为善人，追随共鲧就沦为恶人。善恶、正邪完全取决于平时追随的对象，因此一定要慎重。吕祖谦以追随善恶正邪来区分人的志向情趣的高下，这多少包含了一些有价值的见解。但是他把问题绝对化，忽视了每个人的内在素质。吕祖谦认为选择学习的"门户"对学者的成就具有决定性的影响。门户对头，可以收到事半功倍的效果，否则即使再勤奋刻苦，劳神敝志也无济于事。同样，学习须方向对头，即以孔子而不是以另外的人为自己的"准的规模"，将来的成就才会"无限量"，才可以"得其位，行其道，致君泽民而天下被其利"，从而，能为社会所用，为众人谋福利，辅佐君主治理好天下。他还以子路与管仲为例，具体论证了学者选择门户的重要性。他认为子路追随的是孔圣人，"择术正"，而管仲选择的门户不当，学的只是功利学说，所以子路要比管仲"正道"。"子路所学，乃圣门根本之学，若使其成就，管仲之所能及？"管仲之功虽成，不过是功利之学，"盖管仲如已熟之黄稗，子路如未熟之五谷，五谷未熟固不及黄稗，至于熟岂黄稗之比哉"？历史上，管仲的事业、成就是子路望尘莫及的，他在历史上的影响也是子路无法比拟的。吕祖谦把子路比作未熟的"五谷"，而管仲只是"已熟的黄稗"，这是理学家的偏见，是不公允的。他赞扬子路、贬低管仲，是他以儒教为本的具体反映，又是他以"明理""治心"为教育目的的思想的逻辑结论。

"育实材而求实用"的教育目标

任何阶级要保持自己统治的不中断，都必须后继有人。吕祖谦很重视对地主阶级事业所需要的人才的培养。在培养目标上，他企图通过封建等级名分以及伦理道德的教育，使统治阶级内部的封建等级秩序得到加强，这与朱熹、陆九渊等人的观点并无二致。所不同的是朱熹、陆九渊要培养的"醇儒"，实际是一些空谈性命之理的道学家。吕祖谦认为这些人虽然是封建伦纲的坚决拥护者，但是什么本事也没有，在关键时刻除了尽忠尽节之外，再也无补于封建统治。因此，他提出所培养的人才应该既是以封建道德律己者，又是能够助他的事业发扬光大，尤其在地主阶级事业处于危难之时，能拿得出拯救国家具体办法的"实用"人才。这又与永嘉学派和永康学派强调培养救时之英雄的观点相同。实际上，吕祖谦出于统治阶级利益的考虑，调和了朱、陆等人与永嘉、永康学派的意见。

为了使"子弟"日后矢忠于封建统治，吕祖谦主张首先应"教以三德三行以立其根本"。何谓"三德三行"？按照吕祖谦的解释，三德是"至德以为道本"，"敏德以为行本"，"孝德以知逆恶"。"三行"是"孝行以亲父母"，"友行以尊贤良"，"顺行以事师长"。在他看来，"三德三行"的教育是整个教育的中心环节。有了这"三德三行""立其根本"，就可以收纲举目张之效。这是和朱、陆等人相一致的地方。但是，仅仅对学生进行"三德三行"的教育是不够的，还要联系国家政治法令的得与失进行教育。国政正确，要总结经验"以为法"，国政失误，要汲取教训"以为戒"。

还要培养学生处理政务的实际能力。在治理国家方面要懂得如何拯救，如何措划，要对国家之本末原委知道得一清二楚。受到这些严格训练的"子弟们"，"一旦用之"，就可以成为国家的"良公卿"了。这与陈亮提倡的"实学"，培养既有"救时之志"又有"除乱之功"的人才的观点无异。可见，吕祖谦虽然看重"德""行"，但他也认为"德""行"是不能完全代替"材能"的。只有"德行"而没有"材能"就好比"不至于熟"的"五谷"，"亦无用之物而已"。从这个观点出发，他认为从趋向看孔门诸弟子要比管仲好，这是因为孔门"择术正"，但是一当"见用于世"，他们就远不如管仲了。他说："子路、管仲孰贤？固是子路择术正，管仲主功利，然须见得子路力量不同……孔门弟子若论趋向，固非管仲可比，使他见用，却恐怕未必有仲事业，学者看古人，要须看得至此。"正因为如此，吕祖谦虽然有点鄙视管仲的"功利之学"，但又称赞"管仲才高"。吕祖谦评价管仲的自相矛盾，正是他在培养目标上依违于朱、陆和永嘉、永康学派之间的反映。

从培养"实材"的目标出发，吕祖谦强调指出看书学习主要是学习治国的技艺，而不是"徒观文采"，就是说要领悟书中君臣大义和治国良策。他针对当时读书中举的状况，指出不应该把中举作为读书的唯一目标。他说："人能

154

以科举之心读书，则书不可胜用矣。"自唐发明科举制度以来，走科举成名之路成了封建社会中地主阶级知识分子读书的唯一目的，读书成为叩开仕禄之门的敲门砖，这样书读得愈多，人就变得愈蠢也愈自私。"后世自科举之说兴，学者观国家之事如越人视秦人之肥瘠，漠然不知……异时一旦立朝廷之下，委以天下之事，便都是杜撰。"很明显，如果国家大事交给这些只知读书中举做官，其余什么都交"漠然不知"的学者处理，非坏事不可。应该承认吕祖谦的这个分析是具有一定眼光的。

吕祖谦认为读书学习一定要"求实用"。"百工治器，必贵于有用，器不可用，工弗学也。学也无所用，学将何为邪？"工匠们学习制作器皿的本事是因为器皿能派用场，如果器皿不派用场，工匠们就不会去学习制作器皿的方法。学者读书，也就是因为书本知识能为社会所用，如果不能派用场还要读什么书呢？而读圣贤之经典，尤其要以能用于事为贵。在这里，吕祖谦是颇轻视"闾巷人"和"老成人之语"的，这是他的士大夫的偏见。但是，他认为读书必须讲究实用的见解却有一定的积极意义。

吕祖谦还从经世致用的思想出发，提出："大抵为学，不可令虚声多，实力少，非畏标榜之祸，当互相激扬之时，本心不实，学问已无本矣。"他的这个观点与叶适批判理学家

"虚意多而实力少"的观点一致。吕祖谦认为要认真学习一点经世致用的本领，必须有"惇厚笃实"的学风。因此，他对永嘉学派和永康学派讲求"各务其实"的学风极为赞赏。这同朱熹斥骂永嘉学派"在利欲胶盘中"的态度迥然不同。

陆九渊轻视"教"的作用，主张无师自通，而吕祖谦却比较重视"教"对学者成才的作用，这是吕祖谦高出陆九渊之处。

吕祖谦认为无论什么人，就其天生的气质来说，总是有点褊狭的，但这种天生气质并不是固定不变的，而是可以改变的。"学"的工夫就是改变气质的极好手段，因此，他主张学者要把"学"的工夫花在改变自己方面，而不要把主要精力放在"治言"方面。"君子之学治气而不治言"，因为气质一变，自见为学的功力。这好比"于此有木焉，柯干未尝改也，春气至则枯者荣、衰者盛、陈者新、悴者泽，秋气至荣者枯、盛者衰、新者陈、泽者悴。气也者，潜乎柯干之中而学浮柯干之外者也"。但是，每个人的气质并不完全相同，因而作为教育者来说，要针对不同气质的对象施用不同的教育方法。

吕祖谦把气质的改变作为检验学习好与坏的一条重要标准。他的这种观点既与朱熹的"气禀说"——人的贤愚是由所禀之气的清浊所决定的——说法不同，又与陆九渊认为的改变人的气质在于"收拾精神、自作主宰""当宽裕温柔时自然宽裕温柔，当发强刚毅时自然发强刚毅"等说法相异，而与永嘉学派和永康学派的某些观点相接近。叶适就曾说过"人非下愚，未有无可成之质"，陈亮也认为人的气质和本性是可以通过后天的磨炼而改变的，这就如同金银经过百炼而成为精美之器一样。

吕祖谦还进一步论述了改变气质的方法与标准。他主张通过伦理道德的教化来改变人的气质，而气质的改变是否具有理想的效果，也必须通过践履道德来验证。他说："所向者正，所存者实，信其所当信，耻其所当耻，持身谦逊而不敢虚骄，遇事省细而不敢容易，如此则虽所到或远或近，要是君子路上人也。"他认为只要努力用封建伦理道德来约束自己，把"应事涉物"都当作"步步体验处"，从而"习其教、渐其俗"，那么"或远或近"，都是"君子路上人"。从这里，可以清楚看出吕祖谦的矫拂气质说，完全是与他的培养目标紧紧连在一起的。

求同存异的治学态度

吕祖谦治学的主要特点是不囿于门户之见，兼容并蓄。他主张在学术问题上要求同存异；这是因为世界上学术观点完全相同的情况几乎是不存在的，即使彼此大致相同的观点也总有不少不同之处。他说："人之相与，虽道合志同之至，亦不能无异同。且如一身早间思量事，及少间思之，便觉有未尽处。""道合志同之至"也总是有分歧的，这个道理并不难理解，因为即使是同一个人早上考虑的问题，过了一会儿再思考时"便觉有未尽处"，何况是不同的人呢？学者对于不同的学术观点应该有恢宏的气度，要慎重对待不同的学术观点，并认真研究。如果只凭个人的好恶决定向背，这样就开拓不了眼界，所取得的知识也是极其有限的。他说，为学最要识向背，若任私心而行，私心所喜则感，"不喜则不感，所见者感，所不见者不感，如此则所感浅狭"。

他认为学者能否最终取得较大的成就，关键在于能否对各种学术观点兼容并蓄，因此，经常开展不同学术意见的讨论，相互取长补短是有助于学业长进的。

他还提倡学者不仅要和正人君子平居相处，还要能接触其他各色人物，即使是一些行为不太端的人。"今之人只说与正人处，至邪人已不能处，惟圣人无限量，处不择合，无邪无正，皆能受之。"圣人与今人的区别在于，"圣人无限量，处不择合"，"正""邪""皆能受之"，即对各种不同学术观点都泛观广接。而"今人"只能与自己意见相合的"正人"相处，所受就极其有限了。"近日思得吾侪所以不进者，

158

只缘多喜与同臭味者处，殊欠泛观广接，故于物情事理多所不察，而根本渗漏处，往往鲁莽不见，要须力去此病，乃可。"这里，他把学业"不进"，归结为"多喜与同臭味者处，殊欠泛观广接"，结果"于物情事理"而不察，这是有一定道理的。吕祖谦坚决反对"道不同不相知"的观点，认为这未免太"缺乏广大温润气象"。而将不同的学术观点视若洪水猛兽，严加防范，甚至加以诋毁，则是"诚未允当"。他主张对不同之道应悉心研究，明确各家观点的得与失，以便"借人之短，以攻我之短，借人之失而攻我之失"。吕祖谦对待各学派的态度，无疑是对"圣人"孔子关于"道不同不相谋"观点的否定，很值得为学者仿效。

吕祖谦多次强调，评价某种学术思想或某一学者"要须公平观理，而撤户牖之小"。如在对待苏轼上，他的态度要比朱熹、陆九渊等人正确。北宋时期，洛学和蜀学素有门户之见，曾经互相激烈地攻讦。作为蜀学的主要代表人物苏轼，历来受到洛学及其后学的责难，朱熹等人对苏轼多有贬抑之词，认为其学荒诞不经。吕祖谦虽然向以洛学传人自居，但他并没有因此贬低苏轼思想的学术价值。他认为作为学者，苏轼还是相当有见识的，他的书不可不读。有一次，朱熹出于门户之见，在他的注释中把"东坡"改为"苏轼"，吕祖谦对此颇不以为然。他认为这样做仅仅出于编书统一体裁的要求，那倒没有什么，如果是因为和苏轼的学术观点不同，曾经发生过激烈的辩论而心有余怨做这样的改动，就大可不必了。因为这一做法容易"因激增怒"，对于开展学术讨论是不利的。吕祖谦在这里显示了对不同学派的宽容态度，值得赞许。

尤其值得指出的是吕祖谦对于王安石的态度。王安石这位 11 世纪的改革家，在理学家那里不啻是异教罪人，死有余辜。二程认为当今世界上，王氏之学为害最烈。他们说："今异教之害，道家之说则更无可辟，惟释氏之说衍蔓迷溺至深……然在今日，释氏却未消理会，大患者却是介甫（王安石）之学……如今日却要先整顿，介甫之学坏了后生学者。"二程的门生杨龟山说得更为明白："某于程氏之门所谓过其藩而未入其域者，安敢自附为党以攻王氏学？夫王氏之学，其失在人耳目，诚不待攻，而攻之者亦何罪耶？"朱熹对王安石则是破口大骂，断言王安石如果落到孔子手中，必然要受到"少正卯之诛"。他还花了相当大的力气收集攻击王安石的一切言论，把它们汇编成册，题名为《三朝名臣言行录》。吕祖谦在学术上与王安石有重大分歧，对王安石的变法也持反对态度。但是他反对将王安石的学术思想一笔抹杀，认为治学非读王安石的书不可。他向内弟曾得宽建议说："且看欧（阳修）、王（安石）、（苏）东坡之集，以养本根。"对朱熹的《三朝名臣言行录》，他则几次提出批评，认为这部书"其间颇多考订商量处"，理由是"前辈言论，风旨日远，记录杂说，后出者往往失真，此恐亦不得不为之整顿也"。并指出凭道听途说的材料编成册子不是治学严谨者所做的事情，要求朱熹自己动手认真整顿该书。这里反映了他严谨的治学态度，也说明了他并不赞成对王安石持敌对态度。就这一点来说，他的见识是要比程、朱等人高明一些，也公允一些。

吕祖谦不仅力求自己对不同观点的学者持公正态度，而且明确要求学生对观点不同者取宽容温和态度，"毋得……訾毁外人文字"。他认为"天下之事，最是互相讥揣，妄分清浊为祸最大"。这种"讥揣"开始发生在一两人中间，为祸尚不惨烈，但是天长日久，"讥揣相传，一人传二人，自二人传之，至于一州一县，夫以一人而当一州之怨，自然必致杀身，又推而广之，岂不大可畏哉"？有鉴于此，吕祖谦不准学生因观点不同而訾毁外人文章，同时也要求学生不要在同一学派内部互相吹捧，彼此标榜，"毋得互相品题，高自标置，妄分清浊"。他还曾以东汉桓帝时甘陵周福和河南房植因政见不同，两家宾客互相讥揣，并"妄分清浊"，最后酿成了党锢之祸的历史事实告诫学生。这就是说，凡是读书人（执卷者）都是"同志"，因而不必怀有"忌心"。无论是"轻薄"者的"讥揣"，还是"廉介"之士的"高自标置"，都是容易招朋党之祸的。只有做到对"贤者敬之，不肖者怜之，庸常者容之"才是正确的。

吕祖谦治学态度严谨，不仅表现在他对于不同学术观点或不同的学派持论比较公允，还表现在他对于私交甚厚、观点又往往相近的学者也能持论公允。他曾批评好友陆子静"病在看人不看理"，这批评无疑是相当尖锐的。他和朱熹交往亲密是人所皆知的，但是他对朱熹也是有批评的，而且意见比较坦率。他说朱熹性子太急，度量不大。吕祖谦之所以能对一些关系密切的理学家治学欠妥之处一一提出比较中肯的意见，是不拘门户之见所致。由于吕祖谦能平和地对待各种不同意见，因而和各方面的人物都有联系。为此，朱熹曾批评他"驳杂不纯"。吕祖谦却不同意这个批评，认为能否与众人相处甚乐，也是对自己道德的一种检验方法。他的意思是说，学者如果都专意于讲习学问，就不会把心思放在与别人争是非、比高低上面。大凡与人争论不休，固执是非胜负，因而不能与众人很好地相处的，都是没有把心思放在学问的探求上，也没有"进德"。因而他说："争校是非，不如敛藏收养。"今天看来，吕祖谦的这个意见仍有一定的启迪作用。

破"所疑"而"知其所以然"的教学方法

吕祖谦在长期教学实践中，积累了丰富经验，提出了不少有益的教学和读书方法。

吕祖谦认为读书学习是一项长期的艰苦的事业，绝不是短时期轻轻松松可以完成的，因此"看书须存长久心"，一曝十寒是读不好书的。"大抵目前学者，用功甫及旬月，未见涯涘，则已逡巡退却，不复自信，久大德业，何自而成。"他认为有些人没有花多少功夫，刚开了头，就害怕退缩，这样"久大德业"就难以建立起来。所以他又说，要想"立天下之功"就必须"悠久胶固"，舍得下功夫，并且要坚持到底，而"暂作易辍"是不能"立天下之功"的。学习也要做到"悠久胶固"才会有进步。为此他规定学生要"肄业有常，日记所习于簿，多寡随意，如遇有干辍业，亦书于簿，一岁不过百日，过百日者，同志共摈之"。

吕祖谦认为学习不仅要有一股韧劲，而且还要有一股锐气。如果疲疲沓沓，断断续续，就会使刚刚鼓起来的学习劲头冷下去，以致收不到应有的学习效果。他说："大抵人之为学，须是一鼓作气，一有间断，便非学矣。所谓再而衰也。"因此，他认为"学者最不可悠悠"，即使天资聪颖的人也是如此。他曾说，平时徒恃资质，工夫悠悠，殊不精切，于要的处或鲁莽领略，于凝滞处或遮护覆藏，为学不进，咎实由此。并告诫学生千万不可"怠惰苟且"。对那些"漫应课程而令疏略无叙者"则要开除学籍。

吕祖谦反对人们把学习看成是轻而易举的事，认为持这类看法的人，肯定在学习上没有下过苦功，否则就不会说出这种不知轻重的话。"大凡读书，临事曾去讲究理会，便见得不容易，岂敢妄之。凡言之轻发而不知难者，以不曾下工夫也。"这的确是经验之谈。

吕祖谦比较正确地认为"学者之患在于讳过而自足，使其不讳过不自足，则成其德"。这就是说，要"成其德"，就要认真改正学习中出现的错误与过失，永远"不自足"。如果"讳过而自足"，就不会再发愤学习，并听不进别人的批评。这对学者来说，是最危险的事。他说："譬诸人之成室，方其作也，一柱之不良，一梁之不正，斤削斫刻之或失，其道惟恐旁观者之不言，随言随改，随改随正，略无所惮，其心以谓吾知良吾室而已，凡所以就其良而去其不良者无所不至。此善学而逊志之说也。若夫聚不良之木，用不良之匠为不良之室，专心致志，自以为是，而以人言为讳，及其成也，自以为是，惟恐人言其非，如此，则必至于颓败而后觉悟，岂不哀哉。"木匠造房子，唯恐柱不良，梁不正，他知道光是凭自己"斤削斫刻"可能有误，因而总希望旁观者见有误就及时指出来，"随言随改，随改随正"，一点儿也不害怕别人批评。这是因为他认识到旁观者之言是"良吾室"。如果"以人言为讳""自以为是"，那么，等到房子造坏了再醒悟就晚了。因而吕祖谦又指出："（心）未满而有增，既满则招损而亡，尚安能复增乎？甚矣，人心之不可复也。"

怎样才能防止自满自足呢？吕祖谦认为有两条途径，一是学，二是教。他说，学无止境，"为学工夫无穷"，只有学了才能知道自己的不足，在教育别人的过程中，总会碰到困惑不解的事情。知道自己的不足就会反己求实，困惑不解就会自强不息。一般人总以为学者最自以为是，其实不然，真正潜心于学问的人，总会想方设法弥补自己的不足的，自以为是的倒往往是一些没有真正学问的人。同样，好向别人炫耀自己的人一般也是没有学问的，有学问的人总是"敛藏"着的。他说："无文学者，恐人轻其无文学，必外以辞采自炫，实有者却不如此。"换句话说，"以辞采自炫"者是一些"无文学者"。但是吕祖谦又指出："学者诚不可自足，又不可恐惧太过。"自足就不想学，"恐惧"就不敢学。因此，这两种倾向都要反对。应该说，吕祖谦的这番话是颇有见地的。他又主张读书要不囿于前人所说，敢于怀疑。不带任何框框。打破固有的成见（成心）取得学业的进步。

吕祖谦在教学过程中，一贯要求学者要有自己的见解，敢于跳出前人的窠臼。他指出："今之为学者，自彻及长多随所习熟者为之，皆不出窠臼。惟出窠臼，然后有功。"如果一个人老是重复别人说过的话，人云亦云，墨守成规，那么就永远超越不了前人，因而也就不会有什么新的建树。所谓"疑"也就是"不安于故而进于新者也"。吕祖谦的这个存疑论，十分精彩。由此出发，他要求学生"毋徒袭先儒之遗言，毋徒作书生之陈语"，回答问题一定要根据每个人自己的切身体会，讲究"实理之所在"。虽然吕祖谦最终要求学生们还是要以儒家观点批判佛老和申韩，但是他要求学生们不要光会重复前人说的"陈语"，而要有自己的见解和语言，就方法而言，是可取的。

吕祖谦十分重视"反复论难"对于破疑的作用。他曾规定学生"凡有所疑，专置册记录，同志异时相合，各出所习及所疑，互相商榷"。这也是治学经验之谈，值得重视和提倡。

读书学习贵在知其所以然。吕祖谦说："夫人作文既工矣，必知所以工，处事既当矣，必知所以当，为政既善矣，必知其所以为善，苟不知其所以然，则虽一时之偶中，安知他时之不失哉?"文章写得好，要知道之所以写得好的原因，事情处理得当，要知道之所以处理得当的原因，政令定得好，也必须明确好在什么地方。如果不知道其所以然，即使碰到一次成功，也是带有很大盲目性，很难保证下次还会成功。要保证不是偶然的而是经常的"中"，这就要求找出带规律性的东西。

怎样才能知道其所以然呢？他说，事情做出来才知道是与非，文章写出来才知道工与拙。有"非"和有"拙"固然不如无"非"、无"拙"，但比袖手旁观，什么事情都不干的人要强。因为只有做，才能找到失败的根源，纠正起来才有下手的目标，否则就不知如何纠正。这好比医生治病一样，"有病须是寻他病根磨治，始得"。事情往往是这样，毛病完全暴露在外部，病根是不难找到的，病也容易治。相反，毛病之根很隐蔽，下手就困难了。"病浮见于外者，病根犹浅，病伏于内而不见外者，病根最深。"医生治病是这样，读书学习又何尝不是如此呢？因此，吕祖谦认为"学者不畏有病，畏无病"。

此外，吕祖谦还强调读书要善于思考。"心之官则思，官字最好看。"又说："临事常思，不中不远矣。"他还要求学生"读书不可太杂"等。这些观点至今仍有一定意义。

结束语

婺学的后世影响和当代意义

作为南宋著名理学家，人称"东南三贤"之一的吕祖谦，他的思想、学风、治学方法在中国历史上产生了重要的影响。

吕祖谦在学术上以"杂博"著称，这反映了当时社会思潮的特征。所谓"思潮"，就不是只有一种学说处于独尊的地位，而是百川竞流，由各种不同的学说、思想在相互论辩、相互融合的同异交得中汇集而成的。宋代社会的学术思想较为活跃，文化事业也随着经济发展而兴盛起来，地方书院的遍及，为学者们的讲学提供了广阔的空间，印刷术的革新为著书立说者创造了非常有利的条件。南宋时代更是学派林立，但当时能成鼎立之势的却主要有以朱熹为首的理学派，陆九渊为巨子的心学派，陈亮、叶适为代表的功利学派。吕祖谦思想上的"杂博"也就是表现了这种历史的现实和特点。

吕祖谦在学说上折中朱、陆而又汲取永嘉学派经世致用的功利之学，打破了各学派之间的门户之见，采取"泛观广接""未尝倚一偏、主一说"的居中持平态度。尤其是他学术上宽宏的气度，为当时任何学者所不能及。他为人谦逊、忠厚，对各种"相反之论"皆虚心听取。他在学风上谦虚"未有自大"，博取众长的良好学风深得时人的称赞，也是后人的楷模。虽然朱熹也认为"诸家异同处最可观"，张栻也主张学术上"交须而共济"，提倡学术上自由交流，然而总不及吕祖谦那样身体力行。最明显的一例便是他主持的"鹅湖之会"，具有深远的影响。吕祖谦为了筹办这一次学术研讨会费了不少心血，他在朱熹和陆九渊之间热心地穿针引线，还邀请朱、陆门人和自己的学生与会。会议的意义远远超过会议本身，它不仅影响南宋的知识界，而且也影响到以后，尤其是开了明代自由讲学论辩之风的先河。

南宋末的大学者王应麟是吕祖谦学术思想的后继者，清人全祖望说："王尚书深宁（王应麟）独得吕学之大宗，深宁论学，独亦兼取诸家，然其综罗文献，实师说东莱（吕祖谦）。"王应麟深得吕学的治学方法，注重综合各家学说，为中国学术思想源流提供了有价值的资料。这正是吕学讲究史实"参合审订"的"文献之学"的传统。明末清初的黄宗羲及其弟子万斯同、全祖望以及后来的章学诚，他们的学术思想，特别是史学的观点受吕祖谦的影响是很明显的。

将历史作为一门科学来研究，这是吕祖谦史学观的出发点。他不仅把经书和一些历史著作相提并论，而且还把儒家经典本身也作为一种历史资料。历来被尊为儒家经典之一的《尚书》在他看来仅是一部古老的史书罢了，这与后来"六经皆史"之说应该有一定的渊源关系。"六经皆史"这一命题是王阳明提出的。明清之际黄宗羲自谓"东莱（吕祖谦）之文献，艮斋（薛季宣），止斋（陈傅良）之经制……莫不旁推交通，连珠合璧"。章学诚则更发挥了"六经皆史"的观点。清末龚自珍不仅认为六经皆史，并称诸子百家皆史。他说："出乎史，入乎道，欲入大道，必先为史。"吕祖谦将历史的学习和研究提到前所未有的高度，打破了传统的"以经为本"的陈见。他曾经说："中国所以不沦丧者，皆史官扶持之力也……大哉，史官之功也。"还大胆地认为"孔子之出"乃是依靠"史官扶持之力"。近代的章太炎也接受这种观点，认定孔子之伟大在于他是个"良史"。

关于历史的研究方法，吕祖谦提出看历史应该"如身在其中"，也就是从历史的客观实际的具体环境来分析和考虑问题，总结历史经验。这种历史的万籁俱寂方法对后世影响很大，如王夫之"理势合一"观察历史的发展，视历史是"资人之通"的"千古明鉴"，"述往以为来者师"。全祖望主张研究历史当与现实之用结合起来"钻研史籍，通经致用"，这些无不与吕氏的研究方法相通。

在政治上，吕祖谦对于封建君主专制制度也有某些批评，指出"秦汉以后，只患上太尊、下太卑"。批评君主"自任一己之聪明以临天下"，主张"是以天下之耳目为耳目"，能够通达民情，这关系到"国之存亡，只看下情通塞"。并主张当官的应有"当官之法"，认为"当官处事，常思有以及人"，"使民省力，不使重为民患，其益多矣"，反映了吕祖谦具有传统的民本思想。后来明清之际的启蒙思想家黄宗羲进而对封建君主专制作了尖锐批判，提出君为客、民为主的新的君民关系的看法，就与吕祖谦主张"盖用众人聪明以临天下"和认为社会伦理制度"人纪"，乃"籍众人之力而共建"的思想有一脉相承的关系。

从理学本身的发展来说，吕祖谦欲使朱、陆的学说能"会归于一"，并为此作出努力："鹅湖之会"上，朱、陆二派虽因争论激烈导致不欢而散，而后来朱、陆又因吕祖谦从中周旋而逐渐彼此间"有商量处"。朱称陆"颇有心得"，陆称朱"泰山乔岳"，此后朱、陆门人间的思想开始合流。

宋元之际的理学家吴澄、许衡，其融合朱、陆的思想更为明显。吕祖谦为促使朱、陆学说合流是起了一定作用的。

吕祖谦青年时所写的以《左传》为题材的评论文章集，名为《东莱博议》。词锋犀利明快，有精辟的历史见解，不同凡响。《东莱博议》长期以来脍炙人口，曾与《古文观止》并列，作为学习古文的范文。二十世纪二三十年代出生的人，也都熟悉《东莱博议》的文章，足见其对后世社会影响的深远了。

吕祖谦是思想敏锐的学者，平时留意复杂而矛盾的自然现象和社会现象，并进行辩证思维。他对事物"和而不同"现象作了辩证的理解。他所谓的"同"，不是指没有差异的完全一模一样的相同，而是指矛盾同一性的"同"。如水与火、冰与炭、险与平、刚与柔、动与静、阴与阳、男与女就是具有这种性质的"同"。"和而不同"也就是多样性"不同"的统一"和"，但是这种"不同"之"和"，永远处于"日新"的变化发展之中。

吕祖谦在此认识的基础上，提出了"天下事向前有功"的命题。"向前"即发展，推动事业的发展，正是人类的基本任务。

吕祖谦"和而不同"的思想又表现在治学上，主张兼容并蓄，不囿于门户之见，认为世界上学术观点完全一致的情况是不存在的，学者在学术问题上应该具备求同存异的气度。他提倡学者对于不同学术观点应该泛观广接，坚决反对"道不同不相知"的观点，指出学术"不进"，原因乃是"多善与同臭味者处，殊欠泛观广接"。吕祖谦的这种见解，对千古沿袭下来的"文人相轻"的恶习给以严厉的批判，为后世学界留下不刊的箴言。

吕祖谦认为"理"是天地万物的总根源，而且也是自然和人类社会的最高原则，它同样体现了"不同而和"的精神。他认为天地万物的存在是"各得其所"与互为"兼容"，乃是"和而不同"的天理。他说，因为要使天地万物"各得其所"，所以规定人住在城邑市井，虎狼居于山林薮泽，鱼龙游于江海之中，唯有这样，天地万物才能相安无事，共居于同一世界上，否则颠倒混杂而居，后果将不堪设想。

吕祖谦认为人类对待自然界的生物应有包容的态度，保护他们生存的自然环境，寻求和谐发展，共生共存"居之而各得其所，故谓之兼容"。吕祖谦论述自然界"各得其所"的"天之文"的原则，同时也讲人事社会的"人之文"道理。他说："人不能以独处，必与人处。"世界是复杂的，而其中又以人为最，每个人的生活信念、志趣不尽相同，加之生活经历、素养、性格的差异，因而不同的人在观察、思考、处理问题时，出发点和方式也不会完全相同，这就要求不能以自己的标准去要求别人，需要"降意"而求。他提出，与人相处应该"降意以求"。他说："与人相与处，最当理会降意两字。不降而升，小则忿怒，大则暴戾。"

吕祖谦说世界上不存在真正的离群索居者而是"必有邻，凡善类皆朋友"。又说："朋友之道只是推诚相与，自然无疑。"相互之间的理解与信任比什么都重要。

吕祖谦认为社会上的人"难以一律齐"，每个人各具不同的气质和特点，有自己的长处，也有自己的偏失。

关于如何处理好人际关系，缓和矛盾，不使之激化而能保护其稳定"中"，"凡事不可过甚"，而要留有余地。吕祖谦认为人之相与，双方应有至诚之心，互相信任。以诚相感，如果相瞒相欺，终究是要败露的。

综上所述，吕祖谦继承和弘扬儒家"和而不同"的思想，对我们当今有以下几点启示。

其一，吕祖谦认为世界上事物都是对立统一的"和而不同"，世界上不同国家、民族各具不同的历史文化背景，对事物有不同的见解，甚至有"相反之论"即较大分歧，但可以"降意以求"各作妥协，达到互解互谅，和平共处。

其二，反对"道不同不相知"，世界上不同的国家民族有着不同的信仰、不同的政治主张、不同的文化特征，因此难免存在隔阂"不相知"，只有通过"泛观广接"，彼此多了解"物情事理"，才能缓解矛盾，求同存异。

其三，人类的历史总是发展的，"天下事向前则有功"，道德文明、科学技术、社会经济朝着符合人类利益的方向发展，但要保持事物发展的平衡"中"，"凡事不可过甚"，保持事物稳定发展的趋势。

其四，警告那些犯有历史罪行者，不能掩"盖其过"，不能"妄言以自饰"，编造谎言，美化自己，否则"本是一过，遂成二过"。

总之，研究吕祖谦其人其文，探讨其思想的全貌和继承发扬其中有价值的部分，可作为我们建设社会主义精神文明的借鉴。

附录

年　谱

1137年（绍兴七年）　生于广西转运使官邸。

1146年（绍兴十六年）　父亲吕大器为江东提举司干官，吕祖谦随侍于池阳。

1149年（绍兴十九年）　）启蒙老师刘勉之病卒。吕祖谦在十三岁前曾师从刘勉之。

1155年（绍兴二十五年）　父吕大器赴任福建提刑司干官，吕祖谦随父来到福州任所，遵父命师从林之奇。

1156年（绍兴二十六年）　应福建转运司进士试，举为首选。其间初次与朱熹相识。

1157年（绍兴二十七年）　吕祖谦遵从父命从胡宪学。春，应礼部试，不中。遵父命又拜汪应辰为师。迎娶韩元吉之女韩复为婚。

1161年（绍兴三十一年）　授严州桐庐县尉，主管学事。

1162年（绍兴三十二年）　赴临安，与陈亮同试漕台。

1163年（孝宗隆兴元年） 春，应试礼部，奏名第六人，赐
　　进士及第，特授左从政郎，改差南外敦宗院宗学教授。
　　与入都南归的朱熹晤，开始了学术上的讨论和交流。

1166年（乾道二年） 母曾夫人以疾终，吕祖谦护丧归婺。

1167年（乾道三年） 开始讲学于明招寺。

1168年（乾道四年） 制定《乾道四年九月规约》。撰《左
　　氏博议》。

1169年（乾道五年） 创办丽泽书院。补兼严州州学教授。
　　时值张栻为严州太守，两人互相慕名已久，一见如故，
　　各陈所学，乃成至交。

1171年（乾道七年） 撰《馆职策》，授秘书省正字，兼职
　　如故。

1172年（乾道八年） 为省试考官，主持礼部考试工作，点
　　检试卷，得陆九渊文而深为赏识。

1173年（乾道九年） 诸生复集于门下从学，达三百余人，
　　朱熹命长子朱塾来受学。

1174年（淳熙元年） 始编《吕氏家塾读诗记》，重阅《春
　　秋左氏传》。与陆九渊相会。

1175年（淳熙二年） 在明招寺讲学。到达建州崇安五夫
　　里紫阳书堂，同朱熹相见，共辑《近思录》十四卷。
　　为了消解朱熹与陆九渊之间的学术分歧使之"会归于

一"，预先约定陆氏兄弟前来铅山鹅湖相会，并主持朱、陆在鹅湖寺举行学术会议。

1176年（淳熙三年） 复编《吕氏家塾读诗记》。因荐任秘书省秘书郎兼国史院编修官，实录院检讨官。

1177年（淳熙四年）《徽宗实录》二百卷修订完毕。送呈孝宗，面呈《上孝宗皇帝轮对札子二首》。升著作郎兼编修官。

1178年（淳熙五年） 礼部春试，为殿试考官，取叶适等为首的永嘉学派学者三人。

1179年（淳熙六年） 因所编《文海》称旨，赐名《皇朝文鉴》，除秘书阁，《皇朝文鉴》后人习称《宋鉴》，一百五十卷。再修《吕氏家塾读诗记》，又有《尚书讲义》。朱熹在南康修复白鹿洞书院，特请吕祖谦作《白鹿洞书院记》以阐述重建书院的宗旨。

1180年（淳熙七年） 初作《大事记》，建家庙，修《宗法》及《祭礼》。

1181年（淳熙八年） 为家族修订家规，又订《古周易》十二篇。七月二十九日病逝，享年四十五岁。

主 要 著 作

1.《东莱左氏博议》二十五卷。

2.《吕氏家塾读诗记》三十二卷。

3.《大事记》十二卷。

4.《皇朝文海》，又名《宋文鉴》，一百五十卷。

5.《近思录》十四卷，与朱熹共同写就。

6.《书说》三十五卷。前二十二卷是其门人时澜增修，后十三卷是吕祖谦本人亲自撰写。

7.《系辞精义》二卷。

8.《古周易》一卷。

9.《古易音训》二卷。宋咸熙刊本。

10.《周易传义音训》八卷，首末二卷。金华丛书本。

11.《春秋左氏传说》二十卷。金华丛书本。

12.《春秋左氏传续说》十二卷。金华丛书本。

13.《通鉴详节》一百卷。

14.《唐鉴》二十四卷。

15.《少仪外传》，又名《辨志录》，二卷。

16.《历代制度详说》十二卷。

17.《丽泽讲义》十卷。

18.《古文关键》二卷。

19.《东莱文集》四十卷。其弟祖俭、侄乔年同编。

20.《十七史详节》二百七十三卷。2007年10月，由上海古籍出版社将《十七史详节》中的三种《史记详节》《汉书详节》《后汉书详节》，以明代正德慎独斋刻本为底本，参校元刻本，予以标点出版。

21.《吕祖谦全集》十二册，约一千万字。2006年浙江古籍出版社陆续出版。